国際社会の中の沖縄・奄美

明治大学島嶼文化研究所設立記念シンポジウム特別記念講演・基調報告論集

奄美大島大和村今里のノロ
オームケ（御迎祭）旧暦２月癸（みずのと）、オーホリ（御送祭）旧暦４月壬（みずのえ）に浜辺から立神に向かい祈願していた祭祀の様子。大和村今里集落で継承されてきたノロ祭祀行事は2015年に継承が途絶えた。
写真提供：大和村

右／大和村思勝（おんがち）〈龍繍胴衣〉
大和村思勝で使われていたノロ祭祀衣。2003 年 4 月 21 日に鹿児島県指定有形民俗文化財にノロ関係資料として指定。大和村所蔵　撮影：山内健治
左／大和村思勝〈玉ハベラ〉
右と同時に鹿児島県指定有形民俗文化財にノロ関係資料として指定されたノロ祭祀具。　撮影：山内健治

ミガキ扇
本文 p.147 より。(1962 年 4 月)
撮影:クライナー・ヨーゼフ

奄美・加計呂麻島実久のノロ
本文 p.147 より。(1962 年 4 月)
撮影:クライナー・ヨーゼフ

集落の守り神シマゴスナガシの前で
祈りをあげている加計呂麻島武名のノロ
本文 p.148 より。撮影:クライナー・ヨーゼフ

右／トカラ列島悪石島のお盆に現れるボゼの面
本文 p.138 より。（1963 年 9 月）撮影：クライナー・ヨーゼフ
左／年末・年始に行われるオーストリア・アルプス地方の仮面仮装行事
本文 p.138 より。撮影：クライナー・ヨーゼフ

墓庭（ハカナー）での洗骨（シンクチ）風景
読谷村字波平（1950 年代）。読谷村では 1955 年頃火葬が普及し洗骨はみられなくなった。
写真提供：読谷村教育委員会

右／龕（ガン）の完成を祝い、龕とともに高志保公民館から
龕を収める龕屋（ガンヤー）に向かう人びとの行列
読谷村字高志保（1954 年 12 月 5 日）。火葬が普及する以前、龕と呼ばれる輿によって遺体は墓地に運ばれた。
写真提供：読谷村教育委員会
左／龕（ガン）を龕屋（ガンヤー）に収める人びと
読谷村字高志保（1954 年 12 月 5 日）。龕の四方を囲む戸板には僧侶や蓮の花など仏教的なモチーフが描かれることが多い。火葬普及後この龕はほとんど使われることがなく、現在座喜味城跡ユンタンザミュージアム所蔵。龕屋跡地には記念碑が建立されている。
写真提供：読谷村教育委員会

沖縄本島東村平良の八月踊り（1986 年）　撮影：渡邊欣雄

沖縄本島東村　同上

沖縄本島東村川田の墓の新築祝い（1984 年） 撮影：渡邊欣雄

沖縄本島東村川田の盆の墓参り（1986 年） 撮影：渡邊欣雄

沖縄本島東村有銘の綱引き（1986 年） 撮影：渡邊欣雄

沖縄本島大宜味村ウンガミ（1999 年） 撮影：山内健治

オアフ島・ハワイ沖縄センター内にある金武世界石
沖縄移民の父と言われる當山久三の出身地、沖縄県金武から送られたメモリアルストーン。
（2003 年） 撮影：山内健治

毎年、オアフ島で開催されているハワイ・沖縄フェスティバル
（2003 年） 撮影：山内健治

目次

特別記念講演

序

明治大学島嶼文化研究所設立記念事業として、「国際社会の中の沖縄・奄美」と題するシンポジウムを２０１７年4月29日（土）に開催した（於：明治大学リバティーホール）。本書は、その報告・講演記録を基に当日の発表内容を各演者に加筆を依頼し、収録したものである。

さて、このシンポジウムは、明治大学島嶼文化研究所が設立されて約1年が経過したのを機に、長年、沖縄・奄美諸島の研究に携わってこられた先生方の記念講演に合わせて、最近の研究動向を若手の研究者に基調報告してもらい、今後の南西諸島研究の課題を文化人類学・民俗学の立場より包括的に議論しようと企画した。報告時間の制約もあり、その意図がすべて達成できたとは思わないが、国際社会の中で変化し続けた沖縄・奄美諸島の過去と現在の姿を見つめ直すことが出来たのではないかと思う。

同研究所設立の趣旨は、当日配布した挨拶文から、あらためて紹介させていただく。

「明治大学島嶼文化研究所を設立いたしました。研究所の主な設立目的は次の通りです。島国日本はまずもって海に囲まれた自然環境にあり、多くの離島により構成されています。ある島では過疎化や地域産業の再生になやんでいます。また、豊かな文化を育んできた島々も、その後継者不足により伝統文化そのものの変容を余儀なくされている場合もあります。さらに日本列島そのものがグローバル化の波に巻き込まれて久しいのですが、多くの離島も国際社会の変化と無縁のものではなくなっています。明治大学では離島研究に携わった多くの先人達がいます。とりわけ文化人類学・民俗学・歴史学他、学際的に南西諸島を対象とした研究蓄積があります。その研究を礎に、今後、さらに国際的視点の中から離島社会・南西諸島の研究を発展させると同時に、その成果を島々に還元していきたいと考えております。また、学内外の関係各機関・人材と連携をとり研究所の充実をはかりたい所存です（研究代表・山内健治）。」

南西諸島研究と明治大学との関わりは深く、研究・教育に携わった先生方は、岡正雄・蒲生正男・大胡欽一・上野和男・比嘉政夫・村武精一・クライナー・ヨーゼフ・渡邊欣雄（敬称略）氏他、直接・間接の関係者も含めれば、膨大な研究蓄積があり、フィールドワークの起点は、１９５５（昭和30）年夏、蒲生正男の日本九学会連合奄美調査まで遡る。これらの先人達の研究を振り返れば、単に南島の記録や「日本の地域性」研究との類比・対比ではなく、南西諸島のフィールドを通じた東アジアの社会構造・共同体論・世界観を精査した先見的なグローバルスタディーであった。その後、さまざまな島嶼文化の研究に明治大学関係者は何らかの形で関わりを持ちながら、諸先生に引率された学生・大学院生の共同調査や個人的なフィールドワークを含めると、実に半世紀以上の南西諸島への調査を継続してきたことになる。また、その間には多くの若い研究者も輩出してきた。

さて、この設立記念シンポジウムでは、第１部で、基調報告として、７名の研究者に多様な課題から報告をお願いした。

以下、発表順のタイトル・報告者氏名である。

第１部「沖縄・奄美における研究動向」

１「基地と聖地」山内健治（明治大学）

２「50年代沖縄のヒストリオグラフィー」泉水英計（神奈川大学）

３「沖縄の信仰と〈つながり〉のありよう」村松彰子（相模女子大学）

4「沖縄の墓――〝継承〟という名の〝創造〟」越智郁乃（立教大学）
5「相反するまなざし――沖縄の女性と祭祀」吉田佳世（追手門学院大学）
6「老いに向き合う人々――高齢者ケアにみる沖縄社会」加賀谷真梨（新潟大学）
7「奄美の『民俗誌』の現在」福岡直子（豊島区立郷土資料館）

第2部では、沖縄・奄美研究の国際的な鳥瞰図と将来像を語っていただくために、2人の文化人類学の巨匠、渡邊欣雄先生、クライナー・ヨーゼフ先生に特別講演を依頼した。

第1講演「グローバル沖縄――ホスト&ゲスト」渡邊欣雄（東京都立大学名誉教授）
第2講演「私の見てきた奄美・沖縄――そして、そこで学んできたこと」クライナー・ヨーゼフ（ドイツ・ボン大学名誉教授）

今回の研究発表を拝聴して、沖縄・奄美研究の研究蓄積と共に、その視野の広さを改めて感じた。各発表の紹介と総括については、当日、コメンテーターを務めた高桑史子氏（首都大学東京名誉教授）が、最終章「おわりに――若干の回顧とともに」にまとめた。なお、越智郁乃氏・加賀谷真梨氏の報告内容は、諸般の事情により本書に収録できなかったが、最終章で高桑氏のコメントと共に紹介させていただいた。

本書の刊行は、文化人類学から見た今後の沖縄・奄美研究の羅針盤というには紙面の制約もあり十分ではないが、今後の若手研究者への一礎石になることを願う次第である。

２０１８年４月29日　　　山内健治

基調報告1

基地と聖地

山内健治

基地と聖地

山内健治　*Yamauchi Kenji*
明治大学政治経済学部教授

「基地と聖地」と題する私の報告ですが、発表に先立ち、沖縄の「基地」の存在と「文化」の課題で社会人類学的に対象としてきたテーマには何があるのか、あらためてまとめてみました。

◎社会人類学からみた基地問題

1．土地・屋敷・墓・位牌の相続・継承と軍用地の関係
2．自治会・郷友会の成立と並存→コミュニティ論
3．フェンスの内と外の世界観→聖地と神人・拝み人の関係・継承
4．旧村落の復元作業と現在の市町村合併問題→公共政策人類学
5．米軍軍属家族と沖縄人の婚姻問題
6．基地接収と戦後の海外移民

以上ですが、私の沖縄研究は家族・親族論からはじまりましたので、基地に隣接する集落では、1．のことが長

年、気になってきました。つまり、土地・屋敷・墓・位牌の相続・継承と「軍用地」の関係です。これは当然、沖縄の「門中」や父系制と言う親族システムが、墓や土地財産等に関わり、さらには、それが軍用地料というある意味で特殊な賃貸関係を持った場合の親族システムの変化でした。そして、2．自治会・郷友会の課題ですが、例えば基地により接収された地域住民の多くは、元集落には住めないわけですから、「郷友会」というネットワークで結ばれています。また、郷友会は、必ずしもすべての旧字で、結成されているわけではありませんが、より強固な団体で元々住んでいた住民の親睦団体を超えて強固な集団（例えば旧字の戸主およびその分家の戸主のみ加入）で、共有財産を保持するなど、基地接収を受けた字、例えば、後に触れます北谷町内などが、その典型です。これらの課題は、従前の研究に見られた旧村落への「帰属意識」を超えて、土地を奪われたことに起因する住民の新たなコミュニティの再編成として再考する必要を感じています。それから、3．フェンスの内と外の世界観——つまりは拝所・聖地の問題ですが、沖縄の聖地は基地の中にも外にもあります。基地の中にある場合、基地内の聖地を拝めなくなることが当然起こります。結果、〈カミンチュー（神人）〉他、神役の継承が途絶えたり、拝所の伝承が不明確になってきています。また、その拝所を継承していても、その役職や拝所の正当性をめぐる問題が起きています。次に、4．ですが、近年、沖縄県でも市町村合併が進んでいます。基地用地に接収され、強制移転した村落では、本来の元集落が消滅したり、分割された経緯があります。また、沖縄戦で公文書他、文字資料の喪失による地籍の確定作業は困難を極めた背景があります。その後、基地返還地での、新住民も含めた都市開発や市町村合併問題の中で、自治組織の再編・行政サービスに多くの課題が残されたままです。現在、基地周辺の字では、字の歴史編纂が急がれていますが、元集落の復元地図が現在の住民自治の原点として重要な意味を持ってきています。この作業を人類学は多少なりともののヘルプができるのではないかと考えています。それから、5．の米国軍属家族と沖縄人の婚姻問題ですが、基地内外に在住する米国軍人や退役軍人他と沖縄人との婚姻関係による課題です。長年、いわゆる「アメラジアン問題」等として、社会学・人類学から取り扱われてきたテーマですが、中心はアメリカ合衆国民と沖縄出身妻の間に生まれた子供の教育や社会での差別問題でしたが、近年では、基地就労による婚姻関係の多国籍化が進む傾向にあります。先だっても、首都大学東京の研究会でもレベッカ・フォーガッシュ教授（デンバー大学）の発表（「Intimacy Across the Fencelines : Memory. Race and U.S.Empire in Okinawa.」第８６６回都立大学・首都大学東京社会人類学研究会、２０１７年４月）を伺いましたが、米軍属・軍人と沖縄人の婚姻等が議論されていました。さらに現在では、沖縄在住者の多国籍化が進んでおり、基地内外の軍属関係者、基地労働者の婚姻・家族・文化の問題は、今後も人類学的課題と言えるでしょう。

それから、６．移民研究との関係です。読谷村でもそうですが、基地接収の後、戦後の移民を多く出した事例が多いのです。例えば、読谷村の場合、基地接収後の１９５０年代、ボリビアへ多くの移民を出しています。戦後の新移民も基地接収とは無縁ではないと思います。

さて、現在、私は本島中部地域の字を中心に調査をしています。

調査地を基地化に伴う村落移転史から分けると、次の４パターンになります。

１．元位置のムラ

２．強制移転したムラ

３．基地接収地が返還され帰村したムラ

４．基地に消えたムラ

これから、基地と聖地を中心に調査地の事例を紹介してみます。

写真1　基地内の墓前にて祖先に供養する
楚辺区民　撮影：比嘉豊光（2003年3月）

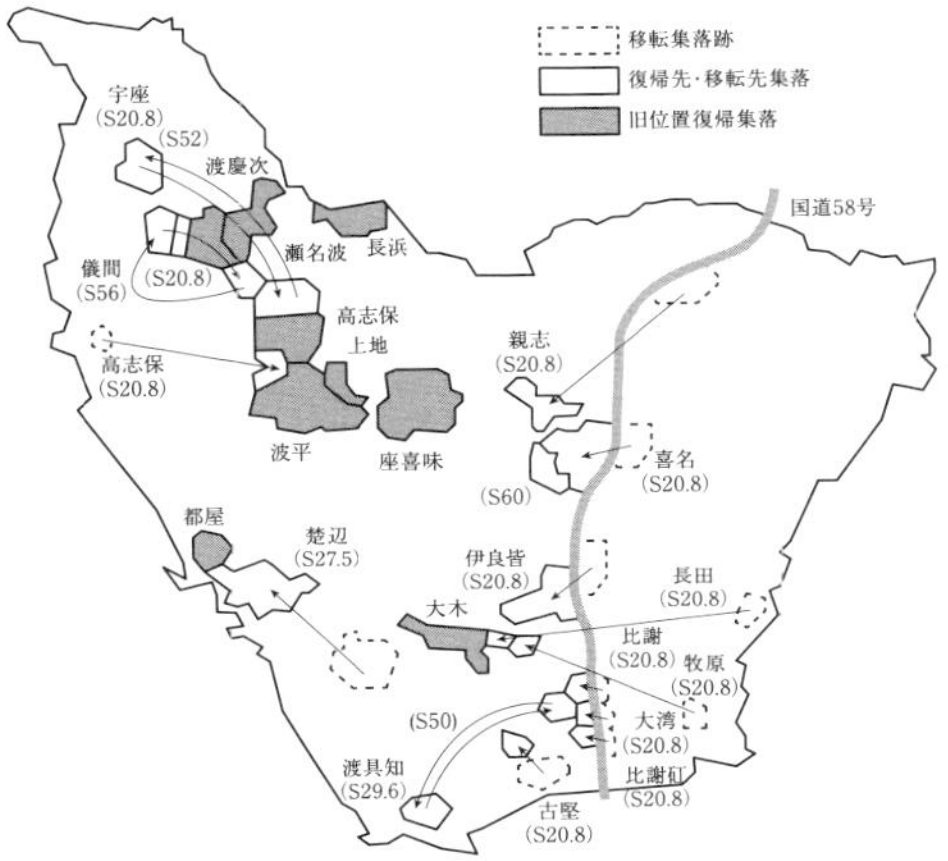

図1　読谷村戦後の集落移動図
『平和の炎』vol.13 読谷村、2001 をもとに作成

まず、２．と３．の村落について読谷村の楚辺と宇座地区から紹介します。

図１は読谷村の戦後の22字の移動の様子を示したものです。写真１は旧楚辺集落内、現トリイステーション内（米国陸軍基地）にある門中墓での清明祭の様子です。先週ぐらい（旧暦２月）が清明祭の時期ですが、今年も基地の中で、門中による清明祭が執り行われているはずです。この、トリイステーションの中で、当然、生活していかなければならないわけですから、黙認耕作地による農作業が営まれています。

写真２は農耕ゲート前の告示版と黙認耕作地の写真です。この楚辺区だけでなく、基地周辺の字公民館に行き目につくのは、旧集落の復元図です。最近は衛星写真が入手可能になったので、それを元に旧集落の復元地図が作成されています。写真３は旧楚辺集落の聖地復元図です。かつて、どこに拝所や聖地があったかが記されています。

この地図内は、トリイステーションと呼ばれる米陸軍特殊部隊の基地内です。旧集落が移転した先は基地のフェン

写真2　農耕ゲート入り口告示板と黙認耕作地
撮影：著者（以下、特記なき写真）

写真3　旧楚辺集落の聖地復元図（楚辺公民館内にて撮影）

図2　強制移転地での楚辺住宅配置図（著者作成）

スに隣接し、字公民館は約1キロ西方へ離れて再建されました。戦後、住宅建設隊を組織し新開地へ移転した楚辺は、各世帯80平米ずつの土地を均等分割し住宅を建設した結果、字事務所を中心に1から4班までの碁盤状の集落景観となっています（図2）。これまで描かれてきた、いわゆる「沖縄の村落」とは異なる直線的な景観です。

写真4は、トリイステーションの正面ゲートです。基地問題ではあまり表に出ない軍事施設ですが、現在も基地強化が進んでいる施設です。２０１４（平成26）年に新楚辺公民館が、移転先の海岸脇に新設されましたが、これは、読谷村内の瀬名波通信施設をトリイステーション内に移転する引き換え条件に防衛施設局予算の援助により建設されました（写真5）。

強制移転村というのは基地内の土地が返還されないわけですから、基地内の拝所が問題となります。沖縄のシマにとって重要な「火の神」は基地内と基地の外の公民館内にあります（写真6）。また、このシマは芸能が盛んなところで、かつては〈アソビグニ〉とも呼ばれていました。現在でもエーサー等で重要な〈アソビ神（踊りの神様）〉も公民館内に祭祀されています（写真７）。

写真８は農耕ゲートです。このゲートより、農作業のほか、聖地の拝みに入ります。入り口に農耕許可名簿一覧があり、また農耕パスやその他の一時的パスを所持した者が入れます。

写真９は基地内にある、元々の火の神です。これは楚辺区長が拝んでいる写真ですが、基地内では、線香に火をつけることができません。

基地内には〈ナナウタキ（七御嶽）〉と呼ばれる七つの拝所があります。この聖地を廻るのは、楚辺区に関わる年中行事の時ですが、現在は楚辺には、この御嶽を拝する神役はいませんので、区長をはじめとした公民館執行部です。

整備された聖地、例えば、水の神を紹介すると写真10ａ、10ｂの通りです。

次は、墓の問題があります。写真11は基地内の門中墓ですが、米軍関係者が墓を荒らすのを予防して、墓であることを表示するための十字架を掲げてある墓もあります。基地

写真4　沖縄県読谷村楚辺・トリイステーション（米国陸軍基地）

写真5　新設された楚辺公民館

写真8　トリイステーション農耕ゲート

写真6　公民館内にある火の神

写真9　基地内にある火の神

写真7　公民館内にある踊りの神

内にある門中墓は近年、基地外に移転する動向があります。理由は基地内にあると葬祭ほか、親族の集まりや管理に不便であることが挙げられます。しかし、基地内にあるような伝統的な大型の門中墓は、祖先観念に加え経済面

写真10a

写真10b

で、基地外には簡単に新設、移転はできません。結果、門中墓から分岐して、「家墓」を基地の外に創設する傾向もあります。墓制の変化も基地と関係しています。

さて、新楚辺の聖地ですが、先ほど説明した碁盤の目の中心に〈神屋〉という敷地があります。沖縄の伝統的集落では、ムトゥ屋、草分け屋と呼ばれる集落の発生に関わる古い家・屋敷が聖地となる傾向があります。強制移転村では、その場所がないので、元集落にあった草分け屋に関係する二つの門中家のあった配置（総本家・分家）の通りに復元して、そこで、二つの古い門中位牌が祭祀されています。エイサーをはじめとする、村行事はここを出発点としています（写真12 a、b、c）。

楚辺の事例の最後に、沖縄の集落にとって重要なノロ神ですが、ノロ殿内そのものは、移転集落のO家の敷地内につくられ、ノロ神を信仰する人びとにより不定期に祈願されています。また、ノロ家との関係性を示すシンボルとも言える位牌も祀られています。無論、戦前より、途絶えていたノロ継承ですから、その正当性を巡っては諸説ありま

写真11　基地内の墓（米軍に墓地である事を示す十字架を掲げている）

写真12a　神屋内の祖先祭祀

写真12b　神屋内の祖先祭祀

写真12c　旧盆のエイサーは、神屋への奉納踊りから始まる

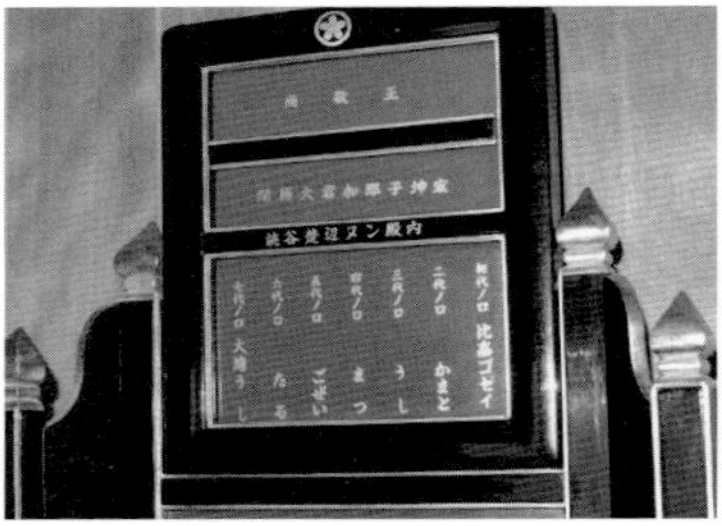

写真13　O家の別棟にあるノロ拝所に祭祀されている位牌

す。

次は、同じく読谷村宇座の事例です。先のUターン型です。元の集落は、戦後、ボーローポイントという射爆場になりました。この地は、「戦場の村」と言われるほどの激しいミサイル発射訓練や爆撃訓練場になりました（写真14）。

この旧宇座地域は１９７２（昭和47）年の祖国復帰後、返還が開始されました。このムラは、戦後の帰村地として基地化に伴い、同村の長浜・高志保地区の地番に移転したわけです。その後、地番は長浜地区に公民館を建設し、住民自治を行ってきました。米軍基地施設の返還に伴い、元の宇座地区の再整備が進みました。旧宇座にあった拝所の整備が現在、ほぼ終わっています。しかし、すでに移転先の地区で60年を経過しています。返還された元集落には、宇座住民の分家やその子供世代が住宅を建設しています。元宇座には公民館はなく、住民自治の中

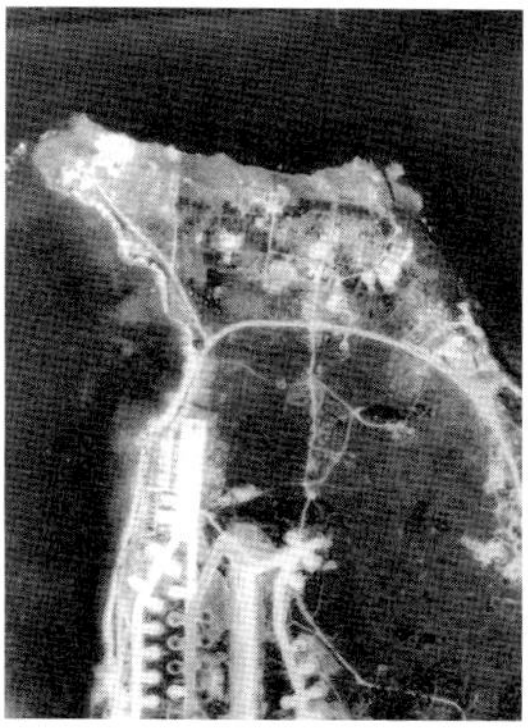

写真14　基地返還前の宇座地区の様子
（提供:読谷村史編纂室）

写真15　移転先の長浜地区内にある宇座の旧家門中祖先祭祀

心や年中行事の起点はすべて、移転先の長浜地区より始まります。象徴的な行事執行の場であり、宇座地区の草分け屋で中心的門中である山内一門の拝所は長浜地区にあり主要な旧盆行事はここで執り行われています（写真15）。

この宇座地区のようなUターン型の村落の課題は、住民自治もしくは年中行事に関して、二重の集落構造におかれていることにあります。戦後の移転先に「宇座公民館」があり住民自治の中心となっている長浜・高志保地区と、返還地に居住する新住民との共生が課題となっています。「公民館活動ほか、集落自治のまとめ方が難しい」という区長談が象徴するように、一度、基地に接収された村落が返還されても、本来あった村落自治を容易には回復できないということであります。この集落でも、また、本来あった場所の聖地の整備が、進められています。

北谷町は「基地の中にある町――北谷」といわれます。これは町勢要覧の中に記された言葉です。実際、現在なお町内面積の58・3％が軍用地です。図3の通り、北谷町住民は極めて限られた返還地で住民自治を行っています。キャンプ瑞慶覧・キャンプ桑江、そして嘉手納ベースに挟まれています。

国道58号線を挟んで、海岸側は、新興のリゾート地として知られていますが、その多くは、埋め立ての新開発地域であり、また町外・県外資本の新都心開発地区です。嘉手納基地の滑走路の延長上に位置して旧住宅地もあり、のちほど触れます砂辺という古い集落もあります。

まず、北谷町の基地と聖地の現状を紹介していきます。現在、北谷町教育委員会では『北谷町の拝所』（２０１６）という報告書を作成しました（図４）。これは、基地内外の聖地・拝所のマッピングと同時に、消えゆく伝承を古老から聞き取り調査をしたものです。

近年に基地より解放された拝所の一例を紹介します。２００３（平成15）年に米軍施設用地から返還され、現在、都市区画整備事業が進行中の伊平地区の事例です。「伊平」という地名は戦前はなく、基地により消失した「伊礼」と「平安山」の字名称を合わせ「伊平」地区としています。この地域は長年、基地内にあったため、旧住民で帰村した者は少数で、多くは、宅地化に伴い新たに土地を購入した新住民の居住エリアとなりつつあります（写真16）。この整備地区にある拝所には旧伊礼地区にあった火の神・井戸・土地などの神々が合祀されている「旧伊礼拝所合祀所」があり、旧伊礼住民によって組織されている伊礼郷友会により管理されています（写真18）。また、隣接する整備区域内には旧桑江住民の郷友会により「諸大明神之神」という碑が建立されています（写真19）。旧桑江の御願所そのものは、現在もキャンプ桑江米軍施設内にあり、許可証を持参しなければ入れません。現在でも、旧桑江郷友会役員により豊年祭などでは祈願されています。

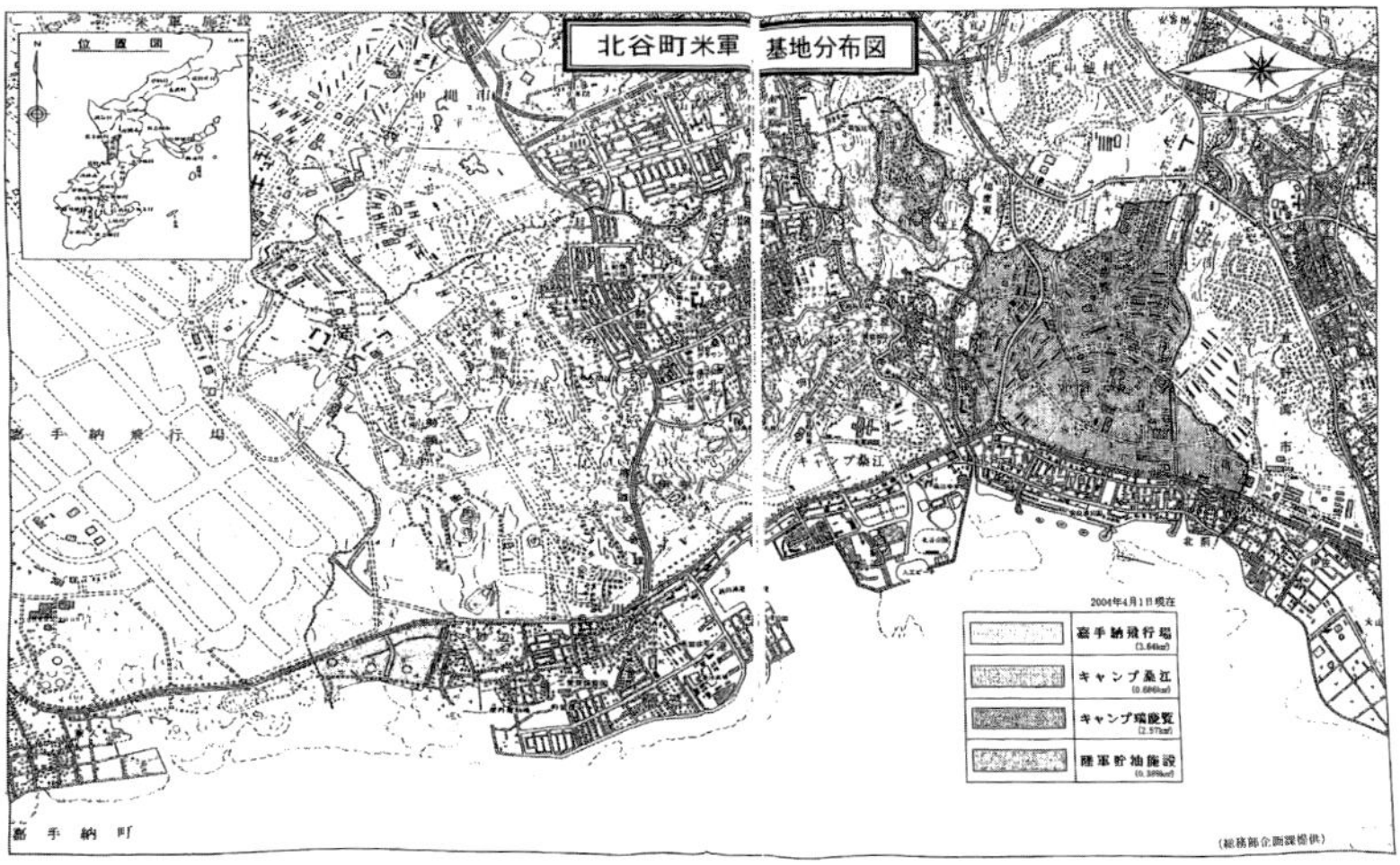

図3　「北谷町米軍基地分布図」(『基地と北谷町』2007より)

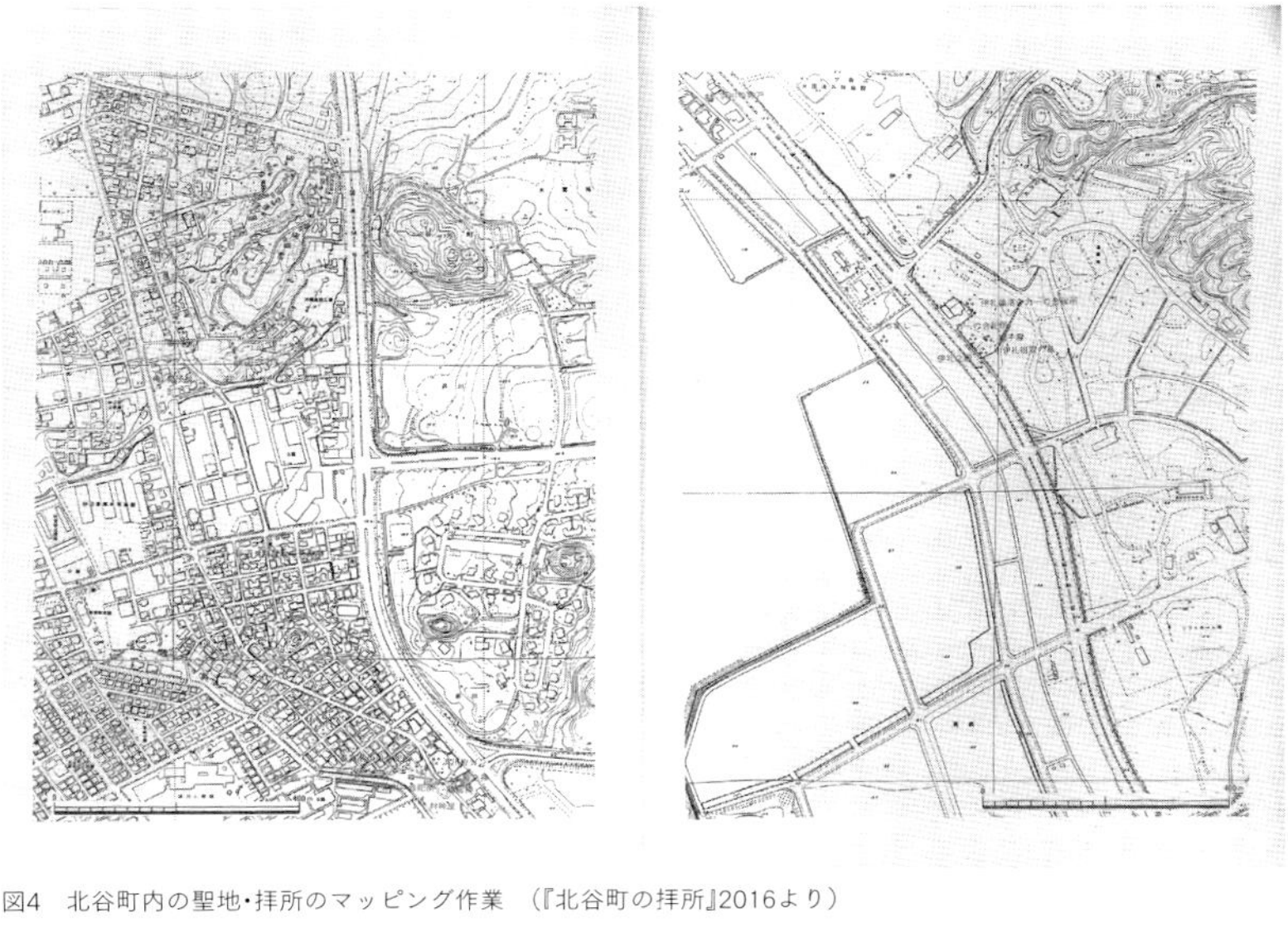

図4　北谷町内の聖地・拝所のマッピング作業　(『北谷町の拝所』2016より)

写真20は、旧桑江御願所で、伊平地区在住の母子が健康祈願に訪れたところです。

　この地域で信仰されていたノロ神は、基地を挟んだ栄口地区の平安山ノロと関係のあるとされる家の敷地内にノロ殿内が設置され、信仰者により祭祀されています。あと、基地返還地の問題で補足しますと、この一角は1982（昭和57）年に返還されましたが、基地の返還地は土壌汚染がひどく、その土質改良に長年を要しました。未だに、区画整理を終えられず、土壌の洗浄を行っている地域もあります。また、消失した地権の問題等もあります。

　次に基地内にある聖地の典型として長老山の祭祀を紹介します。この聖地は、キャンプ端慶覧内にあります。長老山とは、北谷町玉城出身者で沖縄に臨済宗を広めた僧侶の墓として、毎年、旧暦9月15日に慰霊祭が行われる

写真16　キャンプ桑江（米国海軍基地）に隣接する伊平整備地区

写真17　旧伊礼郷友会館

写真18　旧伊礼拝所合祀所

写真19　旧桑江郷友会建立の碑

写真20　旧桑江御願所（米軍施設内）

写真21　キャンプ瑞慶覧内の聖地「長老山」

写真23　旧前城島にあった風水神

写真22　長老山内の旧字（伝道・玉代勢・北谷）の合祀拝所

小高い丘です。この日は、北谷町各区長・北谷町長・教育委員会、仏教関係者により、供養行事が行われます。写真21、22、23は、2016（平成28）年に同行して撮影したものですが、これらの聖地は、キャンプ瑞慶覧内に位置する旧北谷字の郷友会により維持・管理されています。多様な拝所が合祀されているのに驚きました。井戸の神、川の神・火の神、土帝君・風水の神等々です。基地の中の祭祀対象と信仰の継承を考えさせられる聖地でした。信仰対象というよりも、文化遺跡を見ているようでした。

次は、砂辺地区の問題に触れます。嘉手納基地の滑走路の延長先に砂辺地区という集落があります。旧村落が戦後、暫時、返還されたものの、爆音被害による訴訟や住民移転問題を抱えています。

図5は返還後の旧砂辺の住宅を示した地図です。戦後、砂辺地区住民人口・世帯が最も多かったのは1966（昭和41）年（2049人・1052世帯）でした。黒い部分は、砂辺に帰村した後、軍用機の爆音により二・三種騒音被害地区に指定され、1975（昭和50）年以降、防衛庁による一括買い上げで移転した住宅を示しています。砂辺地区は、爆音訴訟を現在も継続中です。住民の生活環境・子供たちの教育環境への航空機騒音による被害が深刻で、防衛施設局の買い上げ地は空き地となっています（写真24）。旧集落全体は、こうした経緯で、現在、虫食い状態の住宅配置になっています。2014（平成26）年5月現在で旧砂辺戸主会世帯数は284世帯となっています。

現在の行政区としての砂辺区には、浜川地区も含まれ、また、米国軍人・軍属用のマンション群が埋立地に建設されています。実際の外国人居住者の数はわかりませんが、Yナンバー（米軍用車ナンバー）からするとかなりの人口を占めていると思われます。

さて、戸主会の話に戻りますと、まず、その成立の経緯は、おおよそ次の通りです。米軍上陸後、旧砂辺地区の

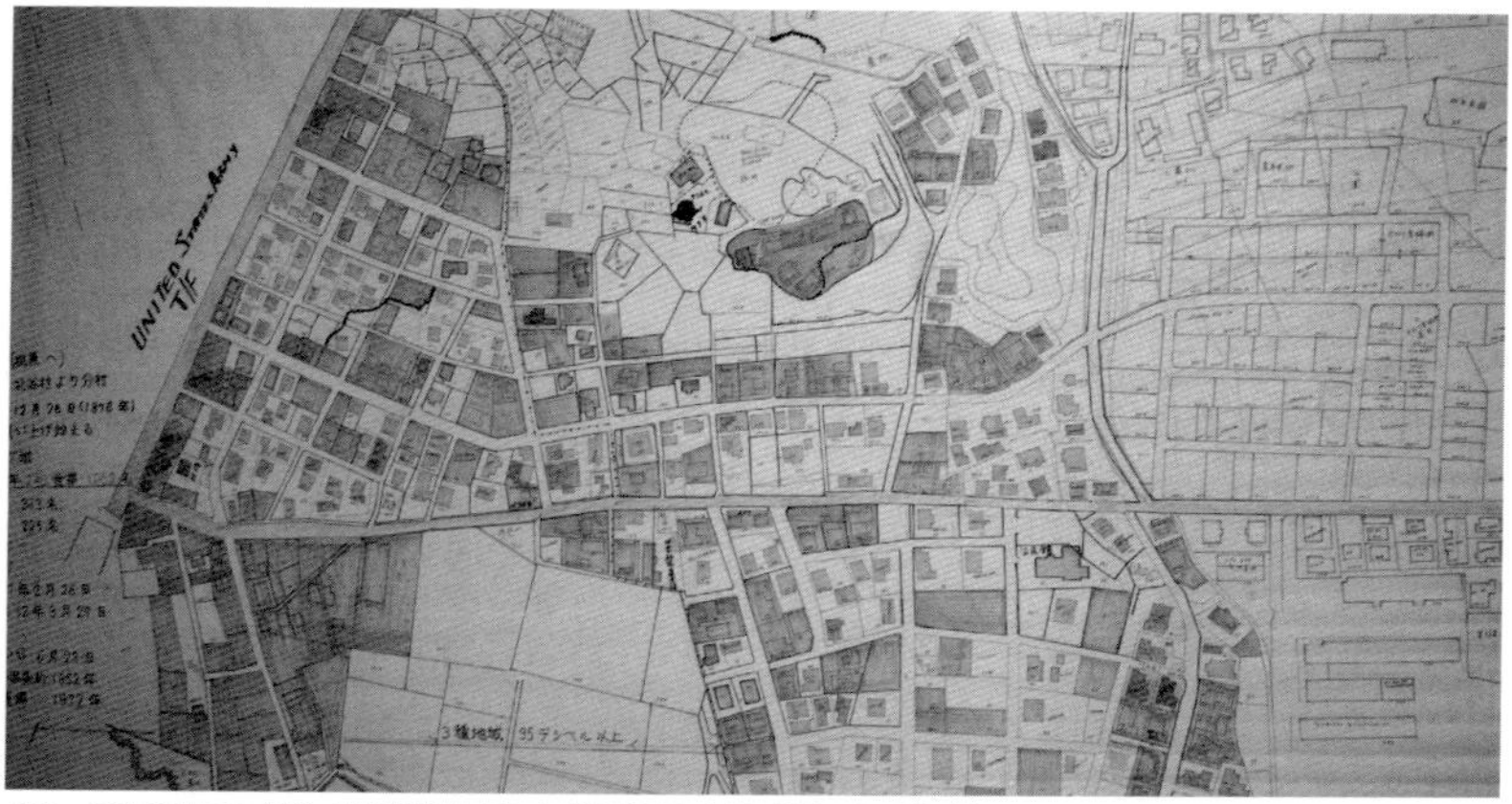

図5　旧砂辺地区の居住・移転世帯を示した地図(戸主会長・與儀正仁氏作成)

写真24　爆音被害により防衛施設局に買い取られた屋敷地

写真25　戸主会により管理されている根所
(旧盆時。祖先祭祀を行う知念家人)

一部が解放されたのは、１９５４（昭和29）年のことでした。以後、帰村が始まり、前出の通り１９６７（昭和42）年には１０５２世帯まで増加したものの、その後旧住民世帯の減少が続いた結果や、また行政地区内に町営団地が建設されたことなどを契機に、１９７４（昭和49）年に「旧砂辺戸主会」が結成されました。資格は「もともと旧砂辺集落に住んでいた戸主および分家の戸主」としました。目的は、旧砂辺の共有財産（基地内軍用地・聖地・拝所等）の維持管理でした。また、旧村落で行っていた神行事・年中行事を引き継ぎ、祭祀行事の継承も担ってきました。１９８６（昭和61）年からは、軍用地料を含む戸主会歳入から旧砂辺の聖地・拝所の整備が進められましたが、最初に、整備されたのは旧砂辺家の草分け家の伝承をもつ知念家の御神屋であり〈ニードゥクル（根所）〉の整備でした（写真25）。この根所を中心に旧砂辺の村落祭祀は現在も執り行われています。このように、砂辺地区の場合、戸主会を中心に聖地の整備・管理を同組織会員が行ってきました。本年（２０１７年）、この戸主会はその組織維持のため法人化される予定です。

行政区としての砂辺地区では、青年会や子供会への参加も少なくなっており、子供エイサーや綱引きには、米軍属家族も参加しています。砂辺に初めて訪れた頃、拝所や聖地はもう消失し神人もいないのだろうという予想に反して、極めて多くの拝所が、戦前の位置に整備され、戸主会により、多くの年中行事も維持されていました。また、拝む神人も近年まで継承しました。

旧砂辺での聖地は、約30もありますが、その一部を写真26、27、28、29に紹介しました。

最後に基地に消えたムラとしては、下勢頭の拝所です（写真30）。嘉手納基地に消えたムラとして有名ですが、基地近くの丘の上に下勢頭の合祀所があります。基地接収を免れた上勢頭地区に下勢頭郷友会館が建設され、旧字の親睦団体として活動しています。年に一度、郷友会で、大型バスに便乗し嘉手納基地内の元集落跡地で、祭礼が実

写真27　砂辺ヌールガー（ノロが手を清めた聖地）

写真26　旧砂辺御嶽

写真28　砂辺の獅子舞の保管場所

写真29　砂辺地頭火の神拝所（琉球王府の行政役人と結びつく火の神）

施されています。

今後の課題

本日の発表をまとめてみます。

従前の戦後の沖縄の共同体研究や村落類型は、例えば、「共同売店型」「公民館型」「属人型」「属地型」等の社会学的な「土地財産」と人間関係のありようや、「帰属意識」から説明されてきた傾向にあると思います。しかし、戦後の基地化にともなう、強制移転集落あるいは基地返還地域での集落の再建・再編の歴史を追うと、むしろ伝統的村落を支えてきた聖地・拝所へのこだわりが見えてきます。この問題は、むしろ人類学的な伝統的「祭祀共同体」という用語に再帰します。旧村落の親睦団体としての「郷友会」を超えて、現実的な住民自治・シマの再建に「聖地」そのものが、大きな役割を担っていることがわかりま

写真30　基地に消えたムラ「下勢頭」の拝所・石碑

す。基地のあるムラだから、伝統的村落の論理とは異なる事象として扱うのでなく、基地接収という社会的に余儀無くされた状況下で人びとが選択してきた文化・共同体の論理を探ることは、基地接収という社会的条件下で「生まれジマ」の論理を持続・継承してきた沖縄の〈シマ〉の論理を垣間見るようにも思えます。具体的には、基地の中に埋没した聖地・拝所・墓へのこだわりであり、移転先で、聖・俗の空間が歪んだ形とはいえ、聖地遥拝を継承している姿です。かつての集落に存在していた井戸・川・土地・草分け屋敷ほか、つまりはシマ空間を象徴するモノ・場へのこだわりです。基地周辺の字で祭祀空間の移動・回帰を通じて一貫して「場」の持つ力、それは、基地のフェンスを越えて内と外に展開しているように思えます。基地と聖地の問題は、突き詰めると沖縄における「コミュニティとは何か」、その再生力にみる〈シマ〉の論理ということになると思います。すべての強制移転村に共有される意識、「故郷奪還は諦めない」の問いには、屋敷・耕作地・墓のみならず、川・井戸・御嶽・聖地ほか、神行事を包摂する〈シマ〉空間の回帰が含意されていると思います。

基調報告2

50年代沖縄のヒストリオグラフィー

泉水英計

50年代沖縄のヒストリオグラフィー

泉水英計　*Sensui Hidekazu*
神奈川大学経営学部

文化人類学者の泉水です。アメリカの学術組織が太平洋戦争を機に帝国日本の学知をどのように取り込んでいったか、民族誌だけではなく、農業技術であるとか公衆衛生だとか、そういう広い意味でのフィールド・サイエンスの歴史の舞台として戦後沖縄に関心をもっています。

本日話題にしたいのは、稀有な欧文琉球史として知られるジョージ・カー（George H. Kerr）の琉球史の背景です。皆さんがご存じなのはおそらく、書店で売っているこの増補改訂版（図1右）だと思いますが、オリジナル版は１９５３年に琉球列島米国民政府（以下「ＵＳＣＡＲ」と表記）に提出された報告書（図1左）でした。本日の話は、このオリジナル版が書かれた経緯です。政治的な時代背景は重要なのでもちろん言及しますが、さらに、この著作と先行文献との関係に検討を加え、沖縄人歴史家の琉球史観がどう反映されたのかを明らかにして、いわば歴史の歴史を探ってみたいと思います。

ジョージ・カーが、沖縄に来たのは１９５２（昭和27）年1月18日、ＵＳＣＡＲの企画会議に参加するためでした。

この時期の日本は、前年9月にサンフランシスコ講和会議が締結され、来る4月に平和条約が発効して連合軍の占領が終わるのを待っているといった状況です。講和会議では、奄美と沖縄が日本から分離され長期的に米軍の統治下に置かれることも同時に確定しました。民政（一般行政）の責任を負うことになった米軍には、住民に対する政策を計画する基礎資料として沖縄人に関する科学的なデータを収集する必要が生じました。この仕事を請け負ったのが米国アカデミーで、全米調査評議会（ＮＲＣ）の太平洋学術部会が琉球列島学術調査という研究者派遣事業を運営し、１９５１（昭和26）年から１９５４（昭和29）年に24人の学術専門家を奄美・沖縄でのフィールド調査に送り出しました。カーの琉球史プロジェクトはその一つであり、成果物は、米軍将兵へのオリエンテーション教材としての利用に加え、日本語に訳して現地の高等教育機関で歴史教育副読本として使用することが念頭に置かれていました。

しかし、カーの専門は沖縄ではなく台湾でした。戦争中にカーは海軍で台湾侵攻作戦の民政部門の準備を担当していました。そのカーが、わずか1年半という短い期間で、どうして琉球通史が書けたのでしょうか。図２は１９５２（昭和27）年1月のＵＳＣＡＲ企画会議のメモの一部ですが、そこにカーは次のような会話を書き留めています。右の下から読むと、「１９４６年まで学校で琉球史は教えられなかった」左上にいって、「どんな材料があるか。伊波（普猷）、島袋（全発）、東恩納（寛惇）」と続きます。カーはこれらの沖縄人歴史家の著作を利用し、さらに直接アドバイスを受けることで短期間に琉球史を書き上げることができたのです。

１９４６（昭和21）年4月に、学校教育が再開され、歴史科目では日本史に替えて琉球史の授業が始まりました。その教科書を準備したとされるのが島袋全発です。島袋は第二高等女学校校長や県立図書館館長として有名ですが、戦後は沖縄民政府の知事官房長を務めていました。知事は、開南中学校時代の上司だった志喜屋孝信でした（萩原、

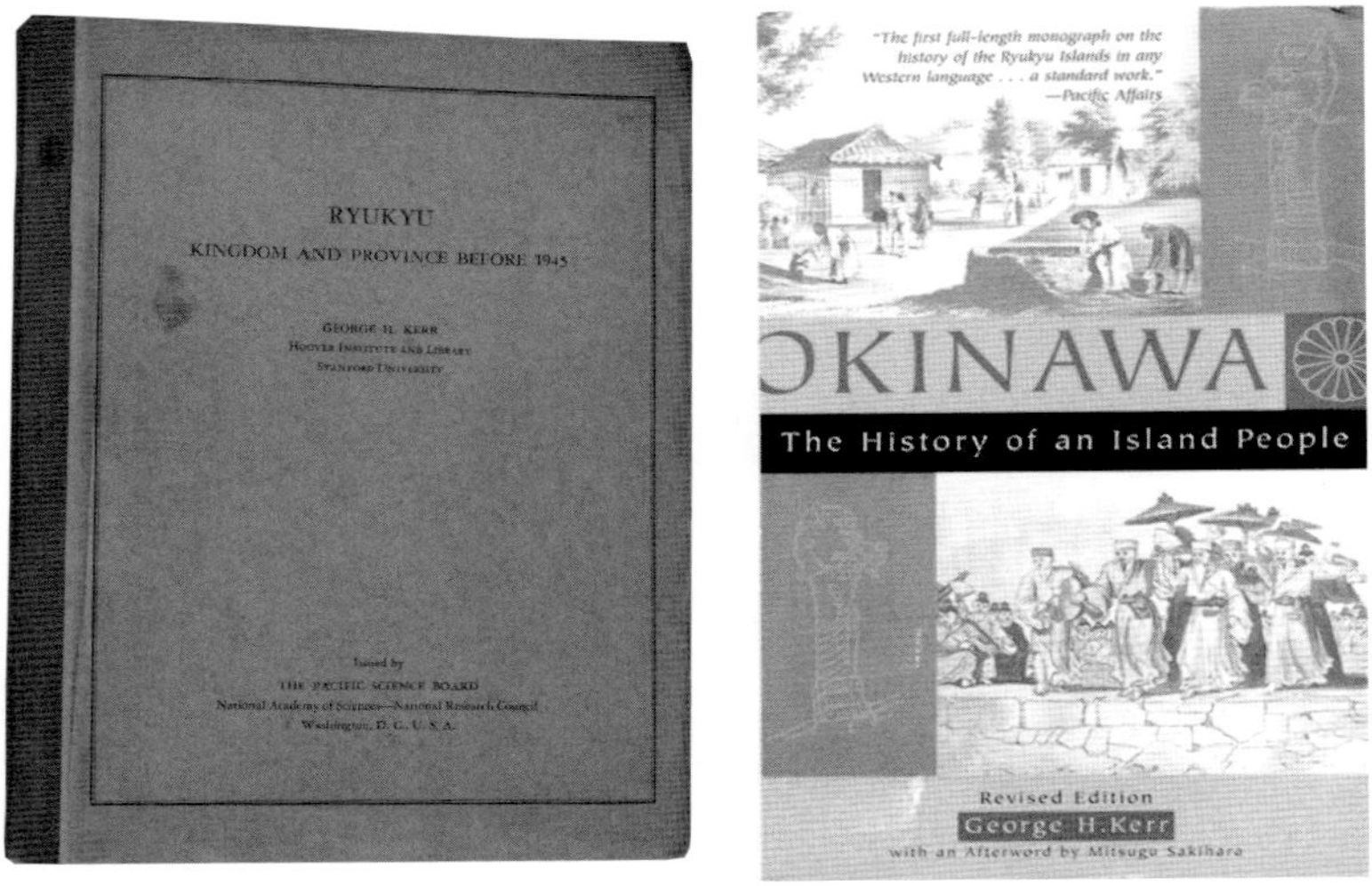

図1 右／*Okinawa: The History of an Island People*, Tuttle, 1958
左／ *Ryukyu: Kingdom and Province before 1945*, Pacific Science Board, 1953

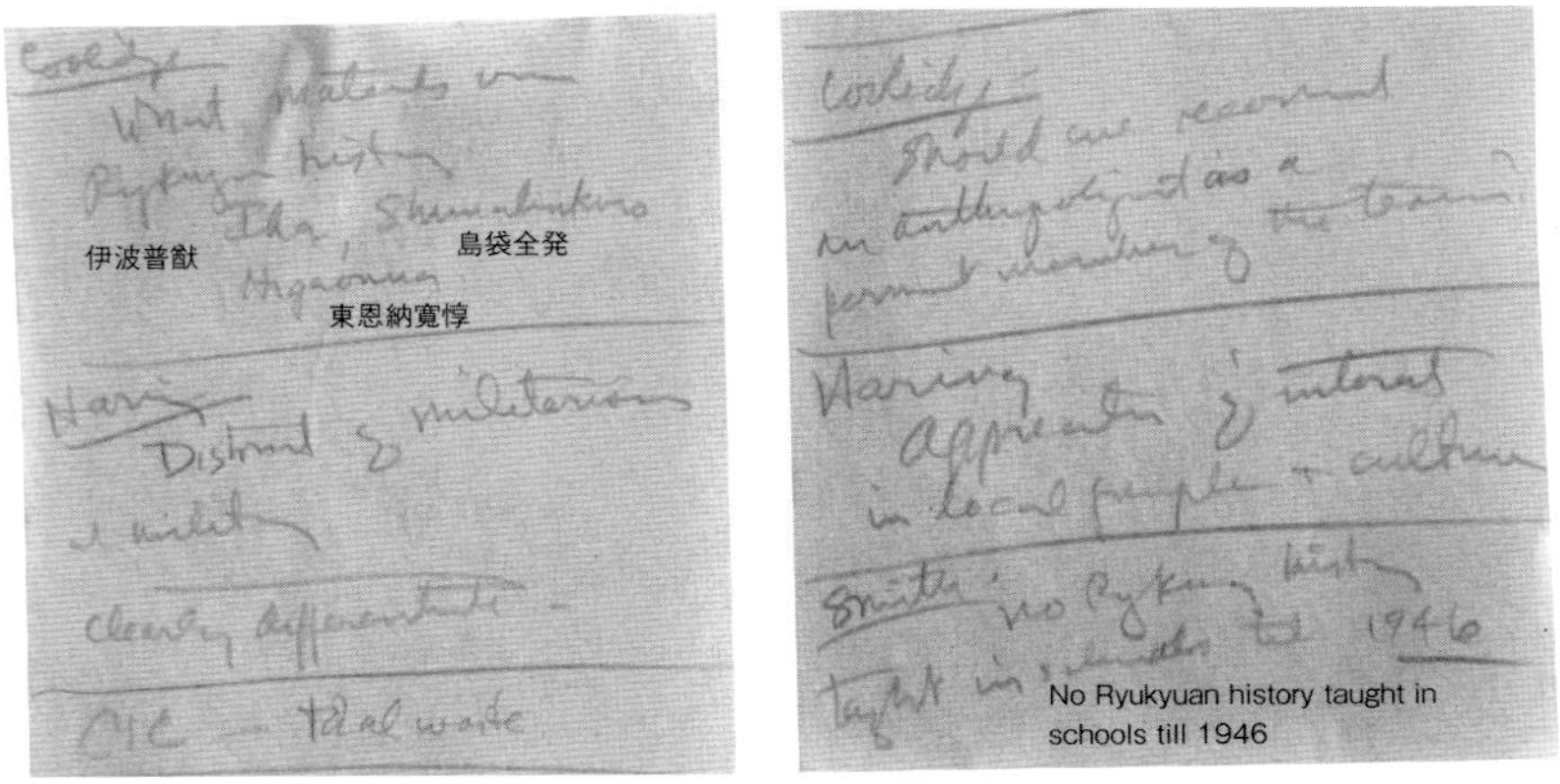

図2 Kerr, "Conference memo," 18 Jan 1952. 沖縄県公文書館（GHK1D01002）

２０１５）。彼らの住民政府の一つの特徴は沖縄ナショナリズムにあります。たとえば、志喜屋は日本兵の早期送還を繰り返し軍政府に要請しています。引揚げてくる沖縄人の雇用確保が一つの目的ではありましたが、軍政府が沖縄人と結婚している者の送還に躊躇をみせたのとは対照的に、民政府は、日本人のいない沖縄を目指したようです（沖縄県沖縄史料編纂所、１９８８、１１８頁、１２２頁）。このような沖縄ナショナリズムの中にあって、日本史が不要なのは当然ですが、では琉球史の何が教えられたのでしょうか。

彼らが注目したのは蔡温（１６８２〜１７６２）でした。志喜屋の依頼で山田有功が口語訳した蔡温の『独物語』が１９５０（昭和25）年に出版されます（図３）。志喜屋が序を寄せ、島袋が小伝を書いて付録とし、跋文は副知事の又吉康和が書いています。政治的に自立していた15世紀の貿易王国が自負した「万国津梁」の記録であれば沖縄ナショナリズムのなかで賛美されることが容易に予測できますが、すでに薩摩支配下にあった18世紀の政治家になぜ沖縄民政府の上層部は注目したのでしょうか。それはこの注目が、単なる黄金時代の賛美ではなく、外国支配という逆境で黄金時代を築いたことへの賞賛だったからです。要点は逆境にあります。右の『独物語』の跋文で又吉は「薩摩支配と米軍支配が類似している」としたうえで、薩摩の庇護のおかげであるという蔡温の言葉に触れて、「現代に照らしてその苦節を想像できる」と述べています（41頁、45頁）。この頃、志喜屋、又吉、島袋の３名は毎週２回ないし３回の軍民連絡会議に出て米軍との難しい交渉を続けていました。つまり、薩摩支配下の蔡温の苦労は米軍支配下の彼らの苦労であり、逆境にあって黄金時代を築いた蔡温は、逆境で沖縄の舵取りを務めた彼らのモデルであったのです。図３のように志喜屋は（そして島袋も山田も）５月26日に脱稿していますが、これがペリー来琉を記念した「来琉親善」の祝日であったことは意味深長です。

このような蔡温を含め琉球の偉人を広く紹介したのが伊波普猷です。１９１１（明治44）年、沖縄教育会が機関

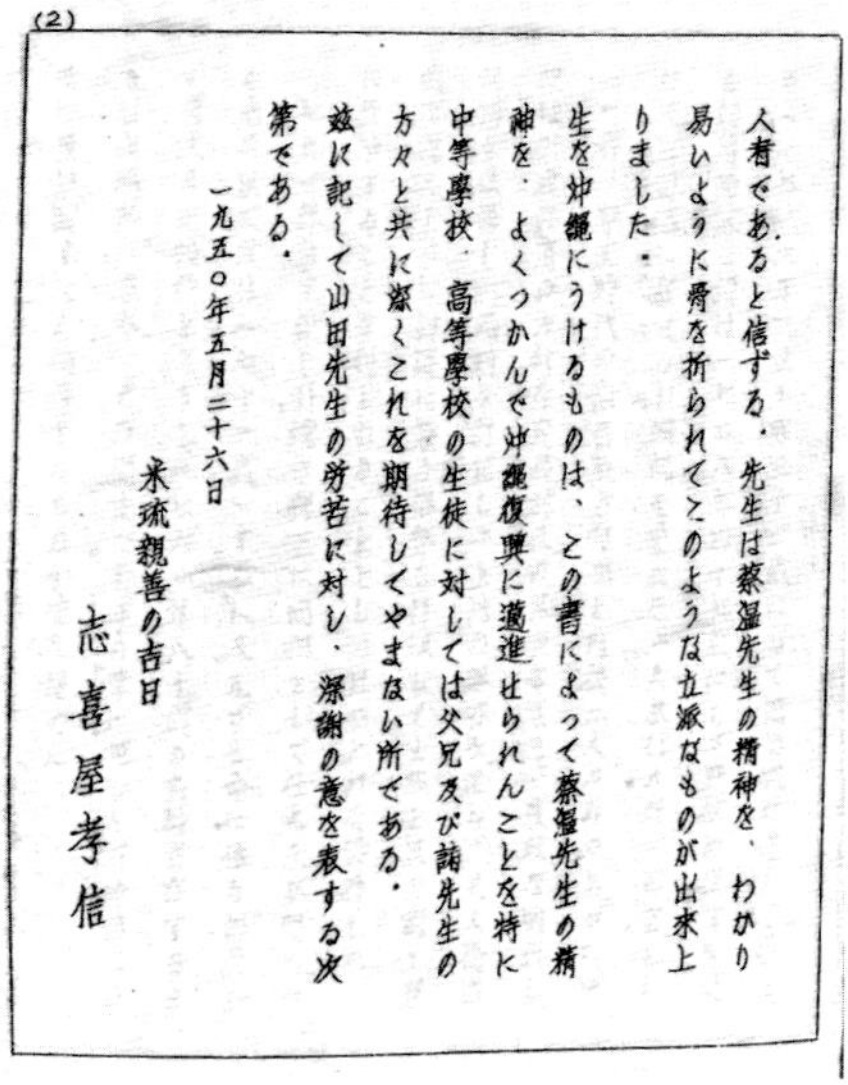
(2)
人者であると信ずる。先生は蔡温先生の精神を、わかり易いように骨を折られてこのような立派なものが出来上りました。
生を沖縄にうけるものは、この書によって蔡温先生の精神を、よくつかんで沖縄復興に邁進せられんことを特に中等學校、高等學校の生徒に対しては父兄及び諸先生の方々と共に深くこれを期待してやまない所である。
茲に記して山田先生の労苦に対し、深謝の意を表する次第である。
一九五〇年五月二十六日
米琉親善の吉日
志喜屋孝信

図3　山田有功『独物語』琉球文化研究会、1950

誌で偉人伝を特集しました。伊波は、蔡温に加え、羽地朝秀（向象賢）、宜湾朝保の功績を顕彰します（伊波『沖縄の代表的政治家』、1911）。おりしも沖縄県の国政参加の時期と重なり、彼らのような政治家を選出せよと訴えるかのようです。また、すぐに大正天皇の即位大典があり、これを記念して全国各地の偉人367名への贈位が行われたとき（及川、2010）、沖縄ではこの3名に贈位されました(図4右)。伊波は蔡温の政治手腕を高く評価していますが、それと同じくらい向象賢も高く評価しています。日本人と沖縄人は先史時代に分かれた同一民族であるという伊波の持論「日琉同祖論」を早々に唱えていたのが向象賢であり、この認識に基づいて政治改革を断行し、慶長敗戦後の経済再建を成功させたという理解からです。琉球処分と廃藩置県は日琉の再会ということになります。ただし、その際に琉球の個性を取り去ろうとする

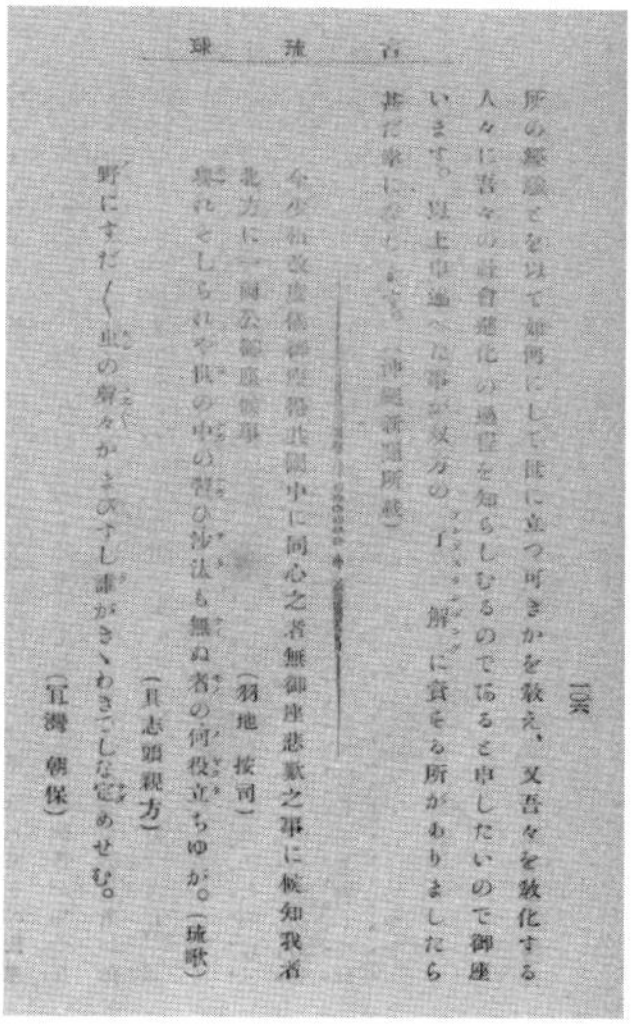
古琉球 一六

所の經論でを以て如何にして世に立つ可きかを教え、又吾々を教化する
人々に吾々の社會進化の過程を知らしむるのであると申したいので御座
います。以上申述べた事が双方の了解に資する所がありましたら
甚だ幸に存じます。（沖縄新聞所載）

今少社改進衆中若共同中に同心之者無御座悲歎之事に候知我者
北方に一両公御座候事 （羽地按司）

集れそしられや世の中の習ひ沙法も無ぬ者の何役立ちゆが。（琉歌）
（具志頭親方）

野にすだく虫の鳴々かそのすし誰がきゝわきてしな定めせむ。
（宜灣朝保）

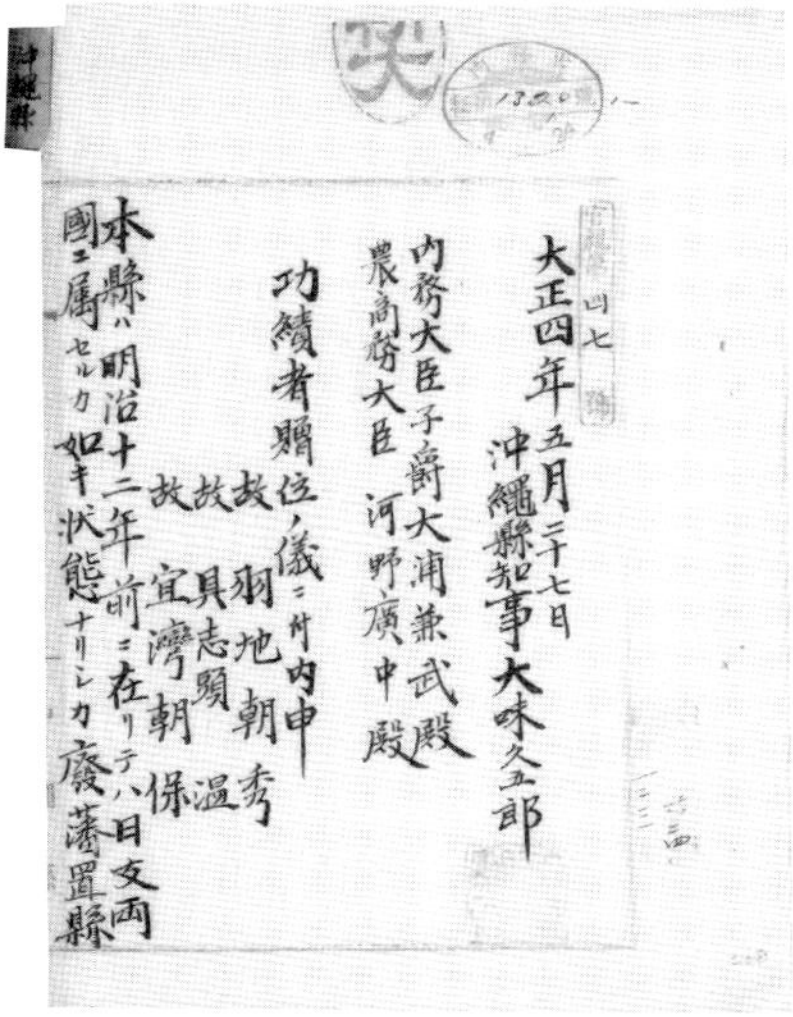
大正四年五月二十七日 沖縄縣知事大味久五郎
内務大臣子爵大浦兼武殿
農商務大臣河野廣中殿
功績者贈位ノ儀ニ付内申
故羽地朝秀
故具志頭温
故宜灣朝保
本縣ハ明治十二年前ニ在リテハ日支両國ニ属セルカ如キ状態ナリシカ廢藩置縣

図4　左／伊波『古琉球』、1911　右／「贈位内申書」巻16、国立公文書館

のはむしろ再統合を妨げるというのが、琉球の個性を守ろうとする伊波の論法でした。しかしこの論法に従えば、遠い祖先が日本だと言う必要はないはずです。あえて同祖を強調するのは、帝国内で他の民族的少数者よりも有利な立場を確保する為でしょう。比嘉春潮は、伊波が同祖論を称えるのは、それが「今の琉球人にとっては幸福を得る道」だからというように、はっきりと手段として理解していたことが知られています（比嘉『大洋子の日録』、1973）。しかし、比嘉のような若い知識人とは異なり、すでに沖縄を代表する知識人であった伊波が沖縄人の地位向上に対して負っていた責任感は強烈であり、伊波は同祖論を手段だと考えていたとしても、手段であると明言することは憚られたのだと鹿野政直氏は指摘しています（鹿野『沖縄の淵』、1933）。先覚者の孤独を訴える向象賢、蔡温、宜湾朝保の言葉を、3偉人について

の考察を発展させた論考を収録した代表作『古琉球』に並べたのは、先覚者としての伊波自身の孤独を暗示するためであったという解釈は説得的です（図4左）。

京都帝大の法学部生であったかつての島袋全発も伊波の同祖論を一歩引いて見ていた若い沖縄人でした。伊波は『古琉球』の付録に、自説の資料となった蔡温の『独物語』と向象賢の『羽地仕置』を活字化し一般読者に提供しました。これを手にした島袋は、自らの解釈を発表します。島袋によれば、（1）向象賢はセンチメンタリストであり、計算ずくで戦略的に同化政策を採ったのではなく、日本文明に心酔し事大思想から日本化をすすめた。（2）向象賢の節用愛人という経済政策には、琉球人特有の消極性が垣間見える。これと対照的に、久米士族で閩人三十六姓の末裔である蔡温は大国中国に出自を持つだけあって器が大きく大胆に殖産興業をすすめたと断じます（図5）。

関連して興味深いのは、この時期の島袋が、沖縄人は異民族であるという認識を明確にしていたことです。屋嘉比収氏が島袋の学業の分析から明らかにしたように、伊波が言語や慣習のような客観的な目印を基準にエスニシティを定義したのに対し、島袋は我々意識という主観を基準にするエスニシティ論を学んだからでした（屋嘉比『近代沖縄の知識人』、２０１０）。とはいえ、沖縄人の立場については、島袋も伊波と同じような希望を抱いていました。すなわち、沖縄人の民族的自覚を抑圧すれば、かえって同化を妨げる。日本帝国は多種多様な楽器が調和するオーケストラであるべきだという希望です（島袋「郷土人の明日」『沖縄毎日新聞』、１９１１年8月22日）。

けれども、敗戦で帝国の枠組みから外れたとき、島袋は論争を始めます。伊波は１９４７年に他界してしまいますので、相手は伊波ではなく、伊波の盟友ともいえる東恩納寛惇でした。伊波や島袋と同じく東恩納も日本の帝国大学に進学しました。しかし東恩納は、両者のように沖縄には帰らず、ずっと東京で高校や大学の教員を務めました。論争は１９５２年に東恩納が出版した『校注羽地仕置』（図6）に端を発します。戦後沖縄の現状が「慶長終戦

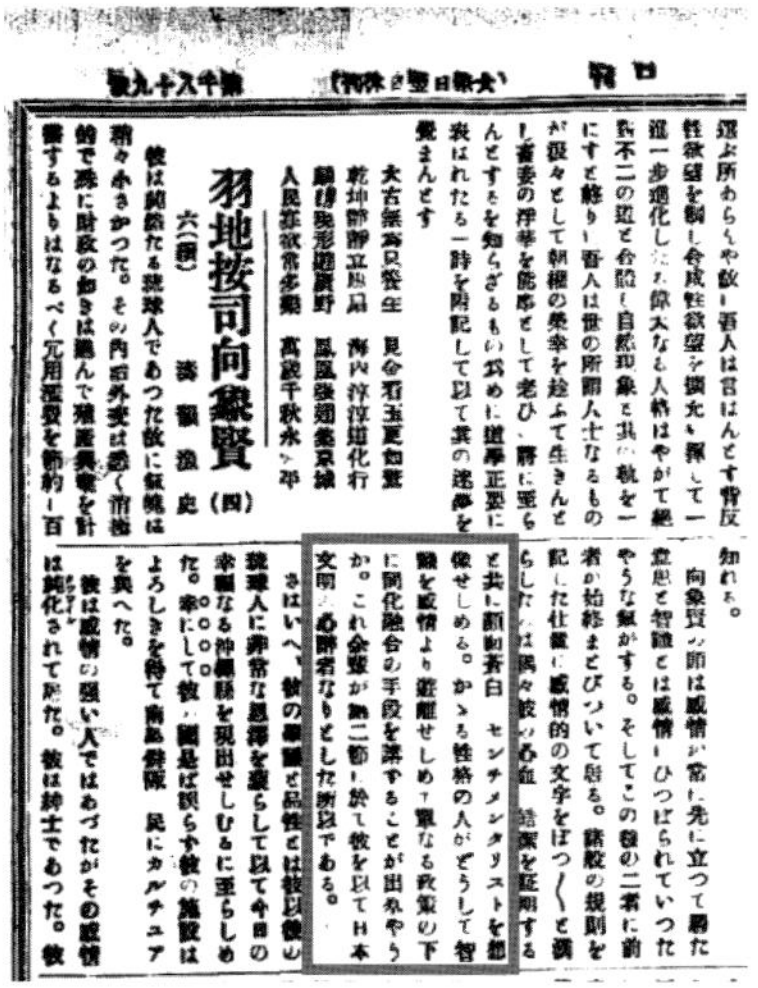

羽地按司向象賢（四）

と共に顔面蒼白 センチメンタリストを想像せしめる。かゝる性格の人がどうして智識を感情より遊離せしめ冷なる政策の下に同化融合の手段を講ずることが出来やうか。これ余輩が第二節に於て彼を以て日本文明の心酔者なりとした所以である。

図5　島袋「羽地按司向象賢」『沖縄毎日新聞』、1912年1月3日

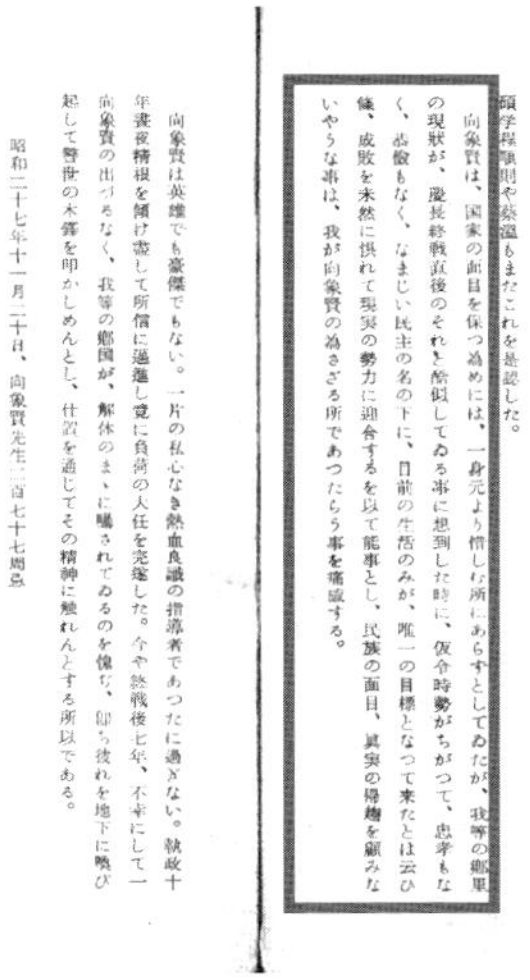

頑学探賾則や蔡温もまたこれを是認した。

向象賢は、国家の面目を保つ為めには、一身元より惜しむ所にあらずとしてゐたが、我等の郷里の現状が、慶長終戦直後のそれと酷似してゐる事に想到した時に、仮令時勢がちがつて、忠孝もなく、恭倹もなく、なまじい民主の名の下に、目前の生活のみが、唯一の目標となつて来たとは云ひ條、成敗を未然に惧れて現実の勢力に迎合するを以て能事とし、民族の面目、真実の帰趨を顧みないやうな事は、我が向象賢の為さざる所であつたらう事を痛感する。

向象賢は英雄でも豪傑でもない。一片の私心なき熱血良識の指導者であつたに過ぎない。執政十年晝夜精根を傾け盡して所信に邁進し竟に負荷の大任を完遂した。今や終戦後七年、不幸にして一向象賢の出づるなく、我等の郷国が、解体のまゝに曝されてゐるのを憾む、即ち彼れを地下に喚び起して警世の木鐸を叩かしめんとし、仕置を通じてその精神に触れんとする所以である。

昭和二十七年十一月二十日、向象賢先生三百七十七周忌

後学　東恩納寛惇　敬白

図6　東恩納『校注羽地仕置』興南社、1952年

直後のそれと酷似している」という認識に立って、戦後復興にあたっての指針を向象賢に求めた仕事でした。東恩納が描く向象賢は、敗戦後の頽廃から「民族の面目」を救い、沖縄人は日本人であるという「真実の帰趨」を見据えて復興に邁進した「私心なき熱血・良識の指導者」でした。しかるに、米軍統治下の沖縄では、「現実の勢力（米軍）に迎合するを以って能事」とする指導者のもとで戦後復興が捗らないという不満も述べられています。

島袋は『校注羽地仕置』の書評を書いて、彼ら戦後沖縄の指導者に向けられた東恩納の批判に反論しました。島袋は、東恩納の現状認識は的外れである。向象賢の行動をそのまま戦後沖縄の指針とするのは無理で、むしろ仮に向象賢が戦後沖縄の政治を掌っていたとしたら、どのような行動をとったか。そのように考えることが大切だと切り返しました（島袋「東恩納寛惇著『校註羽地仕置』」『琉球新報』、１９５３年3月18日）。では、もし向象賢が戦後沖縄の政治を掌っていたとし

たら、どのような行動をとったと島袋は考えていたのでしょうか。講和会議を前に沖縄の帰属先について論じた文章で島袋は、「米国の寛大な政策により漸く虚脱状態から立ち上がった……。熟々と過去の島ちゃびの歴史を味わって慎重な態度に出でんことを切望する」と述べていました（島袋「島々の帰属」『島袋全発著作集』、１９５６）。

東恩納は、沖縄の日本復帰を躊躇するかのような島袋の態度を見とがめ反論します。明治維新で島ちゃびは精算され、日本人の自覚の下に歴史をやり直したのに、いまさら外国援助に縋るのは、自ら孤児となって家出するに等しいという痛烈な批判でした（東恩納「序にかへて」『島袋全発著作集』、１９５６）。

この論争について屋嘉比収氏は、東京に住んでいた東恩納には、米軍施政下の沖縄にいる島袋の気持ちはわからなかったのだと推察しています。その通りでしょう。ただ屋嘉比氏がさらに続けて、島袋は向象賢を「周到な戦略家」と理解し、これに学びつつ沖縄の復興にあたったと推察している（屋嘉比、前掲書）のには少し飛躍がありま す。先にみたように若い頃の島袋は向象賢を「感情的なセンチメンタリスト」とみていたからです。向象賢が本当はどんな人格であったのかは知りようもありません。ただ、戦後政治の舞台に立った島袋が向の直面した困難を自らの困難に重ねて理解するようになった可能性は認めてもよいでしょう。このような心理的投影は、また、東恩納の描いた琉球史の特徴を説明するものでもありました。ちなみに、「周到な戦術家向象賢」と言う、屋嘉比氏の理解は、向は「満を持して政界進出した」という高良倉吉氏の研究（高良「向象賢の論理」）に基づいていますが、のちに副知事になる高良氏にも向象賢への心理的投影があったのではないかと思います。

さて、東恩納を語るときに誰もが言及するのは、彼が実証主義歴史学の訓練を受けた本格的な歴史学者であったということです。対照的にあまり触れられることがないのは、彼が歴史に譬えて時事問題を多く論じていたことです。この二面性は、東恩納が入学した頃に東京帝大の国史学者や院生が中心となって発行していた雑誌『歴史地理』に

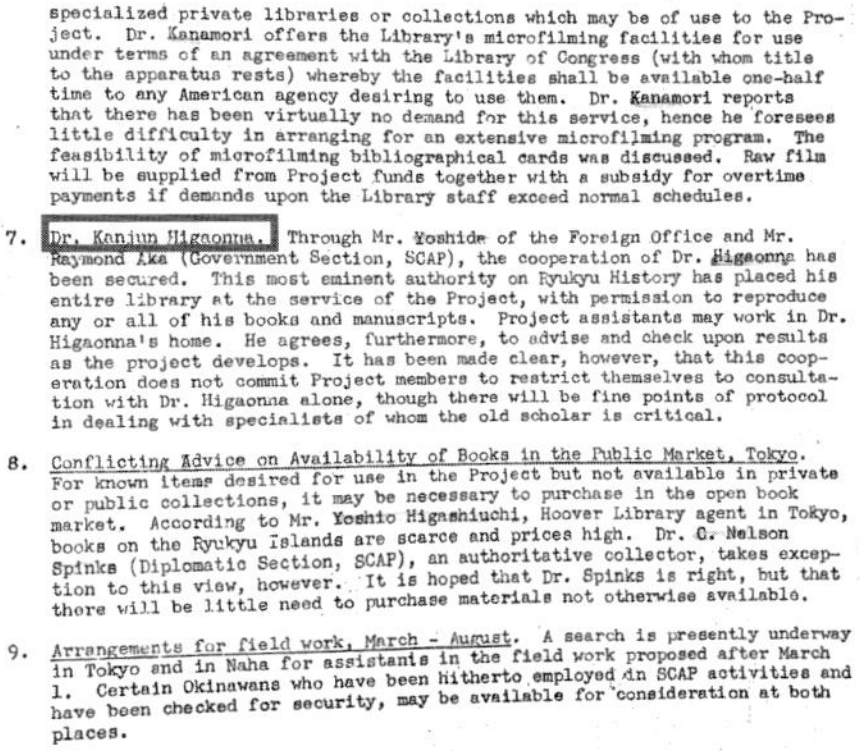
specialized private libraries or collections which may be of use to the Project. Dr. Kanamori offers the Library's microfilming facilities for use under terms of an agreement with the Library of Congress (with whom title to the apparatus rests) whereby the facilities shall be available one-half time to any American agency desiring to use them. Dr. Kanamori reports that there has been virtually no demand for this service, hence he foresees little difficulty in arranging for an extensive microfilming program. The feasibility of microfilming bibliographical cards was discussed. Raw film will be supplied from Project funds together with a subsidy for overtime payments if demands upon the Library staff exceed normal schedules.

7. Dr. Kanjun Higaonna. Through Mr. Yoshida of the Foreign Office and Mr. Raymond Aka (Government Section, SCAP), the cooperation of Dr. Higaonna has been secured. This most eminent authority on Ryukyu History has placed his entire library at the service of the Project, with permission to reproduce any or all of his books and manuscripts. Project assistants may work in Dr. Higaonna's home. He agrees, furthermore, to advise and check upon results as the project develops. It has been made clear, however, that this cooperation does not commit Project members to restrict themselves to consultation with Dr. Higaonna alone, though there will be fine points of protocol in dealing with specialists of whom the old scholar is critical.

8. Conflicting Advice on Availability of Books in the Public Market, Tokyo. For known items desired for use in the Project but not available in private or public collections, it may be necessary to purchase in the open book market. According to Mr. Yoshio Higashiuchi, Hoover Library agent in Tokyo, books on the Ryukyu Islands are scarce and prices high. Dr. C. Nelson Spinks (Diplomatic Section, SCAP), an authoritative collector, takes exception to this view, however. It is hoped that Dr. Spinks is right, but that there will be little need to purchase materials not otherwise available.

9. Arrangements for field work, March - August. A search is presently underway in Tokyo and in Naha for assistants in the field work proposed after March 1. Certain Okinawans who have been hitherto employed in SCAP activities and have been checked for security, may be available for consideration at both places.

図8 Kerr to Coolidge, "Ryukyu Project-Arrangements n Japan,"6 Feb 1952. 琉球大学図書館、沖縄戦後資料第17巻第2分冊

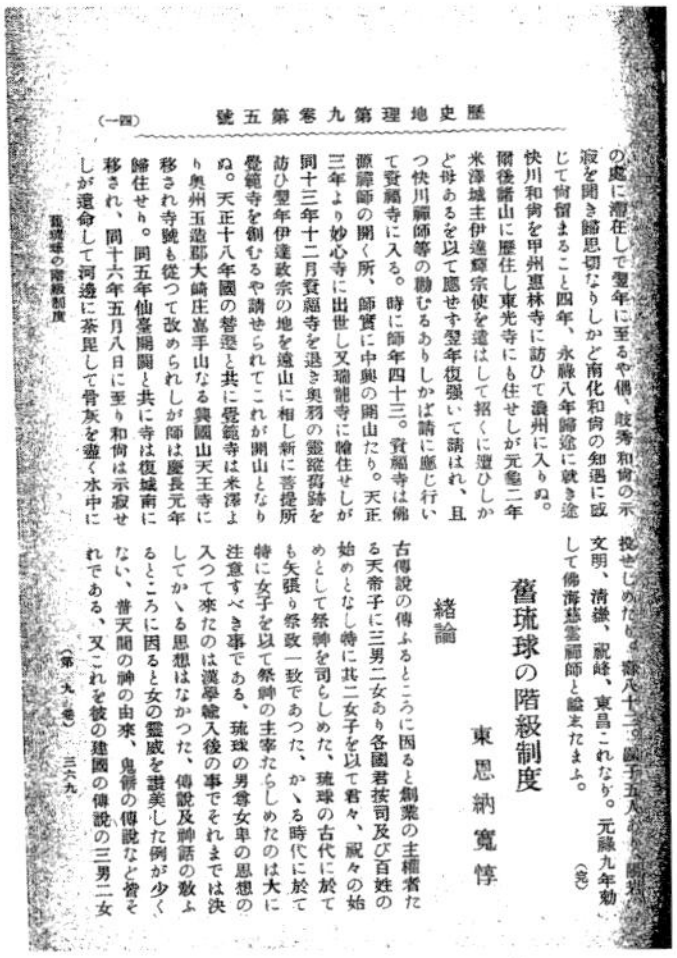
歴史地理第九卷第五號 (一四)

の處に滯在して翌年に至るや佛、岐秀和尚の示寂を聞き歸思切なりしかど南化和尚の知遇に感じて尚留まること四年、永祿八年歸途に就き途快川和尚を甲州惠林寺に訪ひて濃州に入りぬ。爾後諸山に歴住し東光寺にも住せしが元龜二年米澤城主伊達輝宗使を遣はして招くに遭ひしかど母あるを以て應せず翌年復強いて請はれ、且つ快川禪師等の勸むるありしかば請に應じ行いて資福寺に入る。時に師年四十三。資福寺は佛源禪師の開く所、師實に中興の開山たり。天正三年より妙心寺に出世し又瑞龍寺に輪住せしが同十三年十二月資福寺を退き奥羽の靈蹤舊跡を訪ひ翌年伊達政宗の地を遠山に相し新に菩提所覺範寺を剏むるや請せられてこれが開山となりぬ。天正十八年國の替遷と共に覺範寺は米澤より奥州玉造郡大崎庄岩手山なる興國山天王寺に移され寺號も從つて改められしが師は慶長元年歸住せり。同五年仙臺開闢と共に寺は復城南に移され、同十六年五月八日に至り和尚は示寂せしが遺命して河邊に荼毘して骨灰を盡く水中に投せしめたり。壽八十三。嗣子五人、文明、清攝、祝峰、東昌これなり。元祿九年勅して佛海慈雲禪師と諡したまふ。

(完)

舊琉球の階級制度

東恩納寛惇

緒論

古傳説の傳ふるところに因ると創業の主權者たる天帝子に三男二女あり各國君按司及び百姓の始めとなし特に其二女子を以て君々、祝々の始めとして祭神を司らしめた、琉球の古代に於ても矢張り祭政一致であつた、かゝる時代に於て特に女子を以て祭神の主宰たらしめたのは大に注意すべき事である、琉球の男尊女卑の思想の入つて來たのは漢學輸入後の事でそれまでは決してかゝる思想はなかつた、傳説及神話の敎ふるところに因ると女の靈威を讃美した例が少くない、普天間の神の由來、鬼餅の傳説など實それである、又これを彼の建國の傳説の三男二女

舊琉球の階級制度 (第九卷) 三六九

図7 東恩納「旧琉球の階級制度」『歴史地理』第9巻第5号、1907

辿ることができます(図7)。この雑誌の同人は、(一)地方史への関心、(二)現地踏査(フィールドワーク)という手法、それから(三)現実社会の実践問題への学問の応用を掲げていました。この新しい歴史研究にとって、琉球出身の東恩納の学識は、余人に代えがたい財産となります。東恩納は大日本地名辞書の琉球の執筆担当に抜擢され、学部卒業と同時に琉球史の専門家としての地位を固めました。

その研究の中で東恩納は、日本への琉球ならではの貢献を次々と明らかにします。例えば『六諭衍義』や薩摩芋といったものは中国から琉球を通してもたらされ、日本本土の文化と社会に大きな影響を与えました。興味深いのは、このことがそのまま日本の学術界への東恩納ならではの貢献であったということです。

戦後、東恩納の学識は時局と直接の関係を結びます。講和会議で琉球列島の帰属先が問題と

なることを見越した外務省条約局から東恩納は歴史的背景についての諮問を繰り返し受けました。また、同じ頃、沖縄文化協会の講演会に登壇した東恩納は合計12時間に及ぶ『概説沖縄史』を講じています。冒頭で彼は、「此の国、人生れ初は、日本より渡りたる儀、疑ひ御座無く候」という向象賢の言葉を引用し、「沖縄史の根幹を掴んだ断論だ」と高く評価しました（東恩納『概説沖縄史』、１９５０）。同内容の講演会が、吉田嗣延の依頼で外務省内でも行われました。ＧＨＱ（連合国軍最高司令官総司令部、以下「ＧＨＱ」と表記）の譴責を恐れながらの開催だったそうです。吉田は講演原稿を出版し、ロビー活動に使いました。連合国側の関係者用に英訳も準備されました（吉田『小さな闘いの日々』、１９７６）。その読者の一人がジョージ・カーでした。

話は１９５２年1月に戻ります。本章の冒頭でご紹介したＵＳＣＡＲの企画会議の直後、カーはすぐに調査活動を開始しました。那覇で又吉康和と島袋全発に会い、翌週には東京でＧＨＱから吉田嗣延を紹介され、吉田から東恩納を紹介されて2月3日に東恩納の自宅を訪ねています。東恩納は日記に、「スタンフォード大学のジョージ・カー氏午前中に来訪。琉球史研究に就きて指導依頼」と書き留めました（東恩納「日記抄」、１９８２）。一方、カーは、調査事業主である太平洋学術部会への通信で、「この最も傑出した琉球史の権威が、蔵書の自由使用を許し、草稿のチェックとアドバイスを約束してくれた」と報告しています。カーは東恩納が島袋と論争中であったことに気付いていたようで、「この老学者（東恩納）が批判を向ける専門家（島袋）の対応には慎重を要する」と述べています（図8）。一旦米国に戻って準備を整え、4月に再び沖縄に戻ったカーは、又吉や島袋の助言を仰ぎ、2カ月の現地調査を行いました。ＵＳＣＡＲへの報告によれば、沖縄の知識人たちは時に感極まるほどに熱心に協力をしたそうです（Kerr, "History and Bibliography Project-Progress Report," 16 April 1952. 前掲沖縄戦後資料）。

このように東京でも那覇でもカーは歓迎されたわけですが、両者は見解を異にするのですからカーには選択が必要でした。沖縄現地終了報告でカーは、戦後沖縄の指導者が彼ら自身の歴史を探求していることに注目しています。カーの観察によれば、彼らは慶長の役と薩摩支配、琉球処分、沖縄戦の犠牲に言及しつつ、「沖縄は常に日本の犠牲だった」という主題を展開しており、もはや戦前期のように日本への完全な従属を受け入れることはない。その対極には、「地元の共産主義者」が、日本であった沖縄県の近代化を過度に強調して日本の「完全独立」を訴え、保守派指導者と米軍政府を貶めている。このような状況下で琉球史というのは、もし日本復帰するならば、過去の悪政に言及することで日本人から譲歩を引き出す論拠となる。もし米軍統治が継続するならば、独自集団としての長い歴史は復帰論を緩和する。いずれの場合であっても、琉球史は、USCARに協力的な保守派指導者層の立場を強化することが期待できるといいます(Kerr, "Scientific Investigations in the Ryukyu Island(SIRI)Progress Report on History and Bibliographical Project," March 17-April 16, 1952. 前掲沖縄戦後資料)。

翌年6月15日に提出されたカーの最終報告書をみてみましょう。冒頭に紹介した、彼の琉球史のオリジナル版です。ここでカーは、向象賢を積極性に欠け、日本の影響下にあった人物として描きます。たとえば、向の建議による琉球王の久高島参詣の廃止は、固有宗教を抑え日本の影響を増大したい薩摩の意図によるものにすぎないとされます。参詣廃止によって向象賢が王府の経費削減を意図していたことには触れず、東恩納が賞賛した向の王国再建に身を捧げる決意にももちろん触れられません。倹約令と社会統制による王府の財政再建は、同時期の江戸幕府が失敗し、琉球はそれに倣いやはり成功しなかったことにされてしまいます (Kerr(1953)*Ryukyu:Kingdom and Province before 1945*)。

このようなカーの琉球史を、島袋は好意的に読んだかも知れませんが、同年に病死する彼にその機会はありませんでした。一方、東恩納は8月8日にこのカーの原稿を読了しています。東恩納は自分の解釈が無視されて不満であったはずです。ところが、とても意外なことに、このカーの琉球史を最も早く引用したのが東恩納でした。南方同胞援護会の広報誌に連載した「沖縄今昔」という歴史時評に東恩納が引用したのが、「日本政府はあらゆる方法を以って琉球を利用するが、琉球の人々の為に犠牲を払うことを好まない」というカーのよく知られた一節でした。日本の政治家が復帰運動に不熱心であることを批判する文脈で使われています（東恩納「沖縄今昔」第43回、１９５７）。歴史観の継承における皮肉なねじれがここに存在します。「沖縄はいつも日本の犠牲」という歴史観は、沖縄戦を生き延びた島袋たちに芽生えたもので、米軍に協調的な彼ら保守派指導者の立場を強化するはずでした。しかし、東恩納はこれを正反対の政治的展望のもとに流用したのです。換言すれば、米軍統治の継続はいま一つの日本の為の犠牲でもあったのです。

このような解釈の可能性はカーの死角であったようです。カーによれば、米軍の沖縄駐留は外国支配が目的ではなく、西太平洋の中立維持が目的でした。カーは、最初期の沖縄への言及（“Sovereignty of the Liuchiu Island,” 1945）で、１８５３年のペリー琉球上陸に触れ、すべての国々に開かれた国際港湾というペリーの沖縄構想を紹介していました。したがって戦後沖縄の状況は米国による第二次の沖縄占領ということになりますが、この見立ては、島袋にも東恩納にも取られませんでした。この意味で、カーもまた自らの先人を琉球史の中に見ていたと言って良いでしょう。

琉球人による初めての琉球史を書いた向象賢は、それを『中山世鑑』と題しました。後の為政者の鏡として、慶長の薩摩入りを招くに至った政治のあり方を書き留めたものです。伊波、島袋、東恩納といった後世の琉球史家は、その向象賢を鏡として、近現代の沖縄の歴史を生きました。いわば向象賢自身が今度は彼らの鏡となったのです。しかし、鏡にはそれを覗いている自らの像を結ぶというもう一つの意味があります。この意味でも琉球の偉人たちは近代沖縄知識人の鏡であり、向象賢や蔡温を語る伊波、島袋、東恩納が見ていたのは、それぞれの自画像だったともいうことができましょう。であれば、今度は21世紀に沖縄研究を志す私たちが彼らを語るとき、私たち自身の自画像をそこに投影しているかもしれません。そのことを常に忘れないようにしたいと思います。以上です。ご静聴ありがとうございました。

＊本章で扱った題材は、この間に出版した拙稿 "History As a Mirror of Self:A Note on Postwar Okinawan Historiography," H.Matsuda & P.Iacobelli(eds) *Rethinking Postwar Okinawa:Beyond American Occupation*, Lexington Books, 2017 においてより詳細に論じてある。

〈参考文献〉

萩原真美（2015）「占領下沖縄における歴史教育の指向性――『沖縄歴史参考資料』を手がかりに」『日本の教育史学――教育史学会紀要』(58),pp.58-70

比嘉春潮（1973）「大洋子の日録」『比嘉春潮全集』5,pp.1-344, 沖縄タイムス社

東恩納寛惇（1907）「旧琉球の階級制度」『歴史地理』9(5),(6),10(6)（『東恩納寛惇全集』（1979）4,pp.371-384, 第一書房）

東恩納寛惇（1950）『概説沖縄史』（吉田嗣延『東恩納寛惇全集』（1978）1,pp.15-192, 第一書房）

東恩納寛惇（1952）『校註羽地仕置』興南社（『東恩納寛惇全集』（1978）2,pp.145-238, 第一書房）

東恩納寛惇（1957）「沖縄今昔（全45回）」『沖縄と小笠原』(1)～(36)（『東恩納寛惇全集』（1978）5,pp.313-421, 第一書房）

東恩納寛惇（1982）「日記抄」『東恩納寛惇全集』10,pp.3-137, 第一書房

伊波普猷（1911）「沖縄の代表的政治家（向象賢、蔡温、宜湾朝保）」『沖縄教育』(64)

伊波普猷（1911）『古琉球』沖縄公論社

鹿野政直（1993）『沖縄の淵　伊波普猷とその時代』岩波書店

KERR, G. H. L., USNR) 1945. "Sovereignty of the Liuchiu Islands," *Far Eastern Survey*, 14 (8): 96-100.
KERR, G. H. 1953. *Ryukyu: Kingdom and Province before 1945*. Washington D. C.: Pacific Science Board, National Research Council.
KERR, G. H. 1958. *Okinawa: The History of an Island People*. Rutland: Charles E. Tuttle & Co.
沖縄県沖縄史料編纂所（1988）『沖縄民政府記録（一）』（沖縄県史料戦後一）沖縄県教育委員会
島袋全発（1956）『島袋全発著作集』おきなわ社
高良倉吉（1989）「向象賢の論理」琉球新報社（編）『新琉球史』近世編（上）pp.161-179，琉球新報社
屋嘉比収（2010）『〈近代沖縄〉の知識人――島袋全発の軌跡』吉川弘文館
山田有功（1950）『口語訳　独物語』琉球文化研究会
吉田嗣延（1976）『小さな闘いの日々――沖縄復帰のうらばなし――』文教商事

基調報告3

沖縄の信仰と〈つながり〉のありよう

村松彰子

沖縄の信仰と〈つながり〉のありよう

村松彰子　*Muramatsu Akiko*
相模女子大学講師

まずは、人と人との〈つながり〉のありようを考えるためのエピソードから始めたいと思います。ここにお集まりの方々は何らかの形で沖縄に関心をお持ちだと思いますが、沖縄で誰かと知り合った時（あるいは沖縄以外の地域や海外のさまざまな地域でも）、さらに互いの共通の知り合いを探す展開に出合ったことはないでしょうか。探せば誰かしら共通の知り合いがみつかって「沖縄って小さいね、すぐに誰かとつながるね」といった語りの場でそのあいだに入るのは、親戚だったり近所の人だったり友人だったりするわけです。このときの「沖縄は小さい」とか「すぐに誰かとつながる」という見方をどう捉えたらいいのかという点に、私は関心を持っています。たしかに本州と比べれば小さいけれども、私が育った静岡と比べて沖縄が小さいかと問われてもどちらも住んでみる限り特別そのようには感じません。そこでは互いの知り合いを通してまた別の知り合いに結びつくことを「小さい」と表現しているのだと思います。そしておそらく、自分の生活のなかにある身近で基本的な〈つながり〉をたどること、そうした関係性に新しい知り合いを位置づけて、相手との〈つながり〉をつくろうといったような認知方法を「沖縄ではすぐにつながる」と表現しているのではないかということです。本報告の目的は、沖縄の民間信仰においてもこのような〈つながり〉による認知方法が採られていることを、ネグリとハートおよび小田亮に依拠して、〈コモン＝共〉という視点から考察することにあります。

アントニオ・ネグリとマイケル・ハートのいう〈コモン＝共〉には、一つには、人類がともに分かち合うべきものとして物質的世界の（共）的な富、すなわち空気とか水、大地のめぐみなど自然からの賜物といったような意味合いがあります。よく例に挙げられるのは入会地としてのコモンズなどです。もう一つは、言語や知識、情報、環境などといった社会的な生産物の結果であると同時に、そうした場にとって必要な社会的な相互作用という意味でのコモンです。この二つ目のコモンにおいては、その形を促進させるためのコミュニケーションとか配慮に注目する必要があると『コモンウェルス』のなかで指摘しています（ネグリ／ハート、２０１２ａ）。そして、小田亮はこうしたネグリとハートの〈コモン＝共〉の議論で重要なのは、コモンが真正な社会の単独性同士のあいだにしか生まれない点にあり（小田、近刊）、さらに、コモンは「自分との関係が分かる広さ」においてみられるものだと指摘しています（小田、２０１７）。本報告に照らすならば、民間信仰や災因論にみられる死者を含めた人びとの〈つながり〉というものを、単独性同士のあいだにうまれる〈コモン＝共〉の場として捉えなおしてみることができるのではないでしょうか。ここでは沖縄の人びとの民間信仰の場にみられる〈つながり〉を通して考えていきますが、これは沖縄の特殊性のための議論ではないことを申し添えておきます。

ここで、「沖縄の信仰」として扱うのは、成立宗教のような教義的な理念では捉えきれない、池上良正のいう一般の生活者の日常生活に密着した宗教的な信念や実践の総体（池上、１９９８）としての民俗宗教のうちにあるものです。沖縄の民俗宗教において、祖先や神など超自然的な存在や死者、生者、これから生まれてくる者や周囲の人びとの関わりは、「自分と周囲との関係がわかる広さ」、つまり〈コモン＝共〉として日常生活のなかで認識されるのではないでしょうか。民間信仰における災因論としての治癒とは、「どうして私がこのような不幸に」という災いにおいて「他ならぬ私」という単独性がたち現われてしまうといった問題を対象としており、その治療過程でも、いってみれば死者を含めた周囲の存在との「単独性同士の〈つながり〉」のなかで問題を解消しようとするものです。そこには、災因にまつわる問題をさまざまな人たちと共有しようとする〈共〉への志向がみられるということもできると思います。

現代の沖縄社会における民俗宗教の概況を整理するために、琉球新報による『沖縄県民意識調査報告書』を利用したいと思います。そこでは、沖縄において「祖先崇拝」が伝統的に重視されるが、今日は男系ばかりが重視されるわけではなく、「トートーメー」は女性も継ぐことができるとする考え方が近年広がりをみせていること。「ユタ」と呼ばれる民間の宗教的職能者（一般的に女性で男性はほとんどいない）が存在しており、成巫過程においては心身異常状態からの治癒過程において祖先や神など超自然的な存在と直接交流できるようになり、託宣などの力を得ること。年配者（とくに女性たち）は、家族を守る役割を伝統的に担っており、年始めにその年の運勢をみてもらったり、心配ごとの原因をつきとめるため宗教的職能者のもとへでかけたりすることがあること。宗教的職能者である「ユタ」への相談を「ユタ買い」と表現するが、それを迷信や因習とみなして嫌う者も少なくないにもかかわらず、「ユタ」を頼る者も老若男女問わずに現代沖縄社会にいるのもまた事実であることなどが挙げられています。そうした記述からは、宗教的職能者である「ユタ」の存在に救いや癒しを求める沖縄の民俗宗教のあり方が今日もみえます。本報告では、そうした沖縄の民俗宗教の場における〈コモン＝共〉をめぐる単独性同士の相互作用に着目したいと思います。

次に、『沖縄県民意識調査報告書』から沖縄の民俗宗教をめぐる現況を整理します。県内20歳以上の男女を対象に、２００１年度版は１５００名（有効回答率52・83％）、２００６年度版は２０１４名（有効回答率56・9％）を層化段階無作為抽出法で選出して実施された世論調査です。その設問には、生活意識、人間関係、儀礼・慣習、郷土意識、文化意識、社会・政治意識の6分野がありますが、本報告ではそのうち「人間関係」、「儀礼・慣習」分野を参照します。

Q．10「大事なことを相談する場合、誰に相談しますか（3つ選択）について、男性は配偶者、女性はきょうだい、40歳代以下は親との回答が多くなっています。Q．11「沖縄の伝統的な祖先崇拝について、どう思いますか」に対して、9割超が「大切」と答えています。また、Q．12「トートーメーの継承についてどう思いますか」という問いには、「男女どちらが継いでもいい」が最多とあります。さらに、Q．13「あなたは、ユタへ悩みごとを相談しますか」（下図参照）に対しては、「まったく相談し

『沖縄県民意識調査報告書』より

県内２０歳以上の男女を対象の世論調査より作成（2001年度版は1500名、2006年度版は2014名を対象）

「ユタへ悩みごとを相談しますか」

	よく相談する／たまに相談する		まったく相談しない／あまりしない	
	男性	女性	男性	女性
2001年	16.5%	21.8%	78.0%	73.0%
2006年	13.9%	19.8%	81.8%	77.2%

→地域差あり。

沖縄本島南部で「よく相談する／たまに相談する」は15%強、中部で20%強、北部で約19%、宮古地区は約40%、八重山地区は約20%

→女性のほうが男性より相談へ行く、年配者が若年者より相談にいく傾向がある。

→全体的にみて2006年のほうが「ユタ」への相談は減っているが関心が薄らいでいるとは一概に言えない。

統計データからでは、本論であつかう人びとの単独性は見えない

琉球新報社「沖縄県民意識調査報告書」（2001 年、2006 年）をもとに作成

ない」が最多ではありますが、相談する人は、男性より女性が多く、若者より年配者が多く、地域差もあることがわかります。何よりも県民意識調査でこのような項目が特に説明もされずに祖先崇拝、トートーメー問題とならんでいるあたりにも現代の沖縄社会の「ユタ」へのまなざしが感じられますし、２００６年のほうが「ユタ」への相談は減っているとはいえ、それだけで関心が薄らいでいるとは一概に言えないとも思います。統計データからでは、本論であつかう人びとの単独性はみえてこないので、フィールドワークを続けているわけですが、そこでどのようなとき「ユタ」に相談するかとうかがうと、一番多いのは「家族に何かがあったとき」だと言われます。そこで相談者は、「ユタ」のもと（多くは自宅）を訪れて「相談にいく」「みてもらう」などという。悩みや災いの原因と対処法を霊的な力を通して見極めてもらい、この世の現実の災いや苦悩に対処する術を行なうという災因論システムがみられるわけです。これもまた、沖縄の民俗宗教の報告によくありますが、先祖の「ウガンブスク（先祖供養の不足の意）」や、位牌の継承の問題や、口寄せなどの死者儀礼をめぐる問題が苦悩の原因とされる場合がよくみられます。本報告における議論からみると、こうした問題は、関わりのない他人とのあいだには起こりません。何世代も上の先祖とは確かに顔見知りではありませんが、関わりない他人ではありません。いずれも、身近な人間関係にもとづく、いいかえるなら単独性同士の関わりのうちにみられる問題だといえると思います。

また、看板のない商売といわれる「ユタ」へのアクセスが、普段の人間関係のなかから紹介を受けて行なわれるものだという指摘もすでになされてきています。沖縄での暮らしの中では必要とされながらも公的には職業となりえていない「ユタ」へのアクセスは、「ユタ」の連絡先を知っている誰かを介して可能となるので、情報収集が重要となります。現在では、インターネット上の相談やメディアを介した「ユタ」の選択もありますが、やはり自分のことをしらない誰かの「口コミ」と、自分の身近な誰かによる対面的／単独的な関わりのなかで語られる「口コミ」は同質とはいえないと考えています。実際に誰が仲介者となるかというとき、多くの人が母親、娘、女きょうだい、親戚の女性たち、「ネエネエ」、友人、職場の人など単独的な関わりのある人がなります。仲介者は紹介しておわりではなく、その後クライアントについても何かと面倒を見ることが多いのです。つまり、「ユタ」のところにみてもらいに行くということ自体が単独的な関係による〈コモン＝共〉を基盤として行なわれており、またそのことが〈コモン＝共〉を強化していると言えるのではないでしょうか。

「ユタ」への相談を「ハンダン／ハンジ」をとるとも言いますが、その必要があるかどうかは年配の女性たちが見極めます。ハンダンを求める内容は多岐にわたっており、年始めの運勢判断（ハチウンチ）や儀礼の日取りの吉凶などの卜占、家や墓の建築に際しての風水の相談、身内に不幸があったときの死者儀礼、心身の病い、金銭や人間関係の悩み、不妊など、その人にとっての苦悩であれば何でも相談に行く場合がありますし、心身の不調の場合には「ユタ」通いと医者通いを同時並行することも多くみられます。

そのような「ハンダン／ハンジ」の場では、基本的には相談者が個別に宗教的職能者と会って相談するのですが、人気の高い職能者の場合には順番待ちも珍しくないですし、待っているあいだに他の相談者に相談内容が漏れ聞こえることもある。もっといえば、相談者同士が職能者のところで知り合いになることすらあります。そうした場においては、悩み・問題を抱えている相談者たちが継続的に相談に訪れるうちに、それぞれの単独的で個々の悩みをそれとなく共有することによって、悩んでいるのは自分だけではないとか、あの人は良くなっていっているなとか、そこにゆるやかな〈コモン＝共〉が生まれているとみなすことができるのではないでしょうか。つまり、〈コモン＝共〉は先祖という死者やイエの成員のために祈る場だけではなく、もっとゆるやかな形でもつくられており、そのような〈コモン＝共〉の協同の力にも注目する必要があると考えています。

沖縄の民俗宗教の場では、宗教的職能者の託宣で得られた災因への対処として職能者と相談者がさまざまな場所へ拝み（祈り）に行くことがありますが、これをウガン（御願）と呼び、さまざまな苦悩への対処や解放を求めた供養や祈願を行います。こうした託宣や災因への対処の際、宗教的職能者である「ユタ」が、クライアント「その人」だけのために時間を割き、問題をもたらす神霊や祖先を特定して働きかけることで、相談者・「ユタ」・超自然的存在のあいだに、単独性同士の〈コモン＝共〉の関わりも生まれていくと解釈できるのではないでしょうか。そうしたありようは、クライアントの単独的な苦悩に対処するものですが、相談者・「ユタ」・超自然的存在などのあいだの単独的な関わりを通して、〈コモン＝共〉において苦悩を受け止めて解消していくような癒しのあり方を示していると考えられると思います。災因を除くための働きかけというと、単に関係を断ち切るためとも感じられるが、あの世の先祖へこの世から働きかけやりとりする手段

先祖との＜つながり＞を認識する場として重視されるヒヌカン（火の神）。
香炉の線香の燃え方で祈りが届いたか見極める。母親から子どもへ「私がちゃんとヒヌカンを守っているから大丈夫」と伝える。また、独立してヒヌカンを新しく祀るときには、実家から灰をわけてもらう。
撮影：著者

として、宗教的職能者を介在した拝みが行なわれていくわけですから、むしろ〈つながり〉は維持されていると捉えられるのではないでしょうか。
以上のように本報告においては、民俗信仰における治療は、単独的な関係性が連なっていく範囲、つまり自分と周囲との関係が認識できる広さの〈コモン＝共〉において意味を持つものとなるということをみてきました。つまり、クライアントたちは「自分との関係が分かる広さ」における〈コモン＝共〉として死者を含めた周囲の人びととの関係性を確認し、そうした〈コモン＝共〉をつくりだすことによって癒されているといえるのではないでしょうか。

〈参考文献〉
池上良正（1998）「民俗宗教」『日本民俗宗教辞典』佐々木宏幹ほか編 ,pp.547-549, 東京堂出版
琉球新報社編集発行（2007）『2006 沖縄県民意識調査報告書』
琉球新報社編集発行（2002）『2001 沖縄県民意識調査報告書』
小田　亮（2017）「多層的ネットワークとしての『地域』：自治コモン社会のために」『人文学報』（513-2）.pp.21-38, 首都大学東京人文科学研究所
首都大学東京人文科学研究所（2018）「コモンとしての景観／単独性としての風景：景観人類学のために」『人文学報』（514-2）
アントニオ・ネグリ／マイケル・ハート（幾島幸子・古賀祥子訳）（2012a）『コモンウェルス 上』、（2012b）『コモンウェルス 下』ＮＨＫ出版

基調報告4

相反するまなざし——沖縄の女性と祭祀

吉田佳世

相反するまなざし——沖縄の女性と祭祀

吉田佳世　*Yoshida Kayo*
追手門学院大学地域創造学部講師

目的

本発表では沖縄研究のなかでも女性をテーマとした研究がこれまでどのように進められてきたのか、そして最近の研究はどのように展開しているのかについてご紹介させていただきます。最初に本発表の目的を整理しておきます。本発表の目的は沖縄を対象とする人文社会学的研究のなかで沖縄の女性がどのように描かれてきたのかを検討することにあります。人文社会学的研究のなかでもとくに日本民俗学（以下、民俗学と表記）や文化人類学（以下、人類学と表記）は沖縄女性の研究を積極的に進めてきました。そこでは村落祭祀や祖先祭祀における女性の地位と役割が議論の中心となってきました。そのため本発表でも沖縄の女性と祭祀に関する研究を中心に見ていく予定です。本発表の結論を先取りしますと、これまでの沖縄の女性に関する研究は、一方では女性たちを神聖視するいわば「聖なる存在」として、他方では祭祀を背負わされた「抑圧された女性」として捉えてきました。つまり、まったく相反するまなざしがあったということです。そして、近年ではこの相反するまなざしを乗り越えようとする研究が登場しているので、その現状をご紹介していきたいと思います。

「聖なる存在」としての女性

沖縄の女性をテーマとした研究の歴史は古く、民俗学では大正時代にまで遡ることができます。そのなかでもとりわけ研究者の関心を集めたのがカミンチュと呼ばれる沖縄の女性司祭たちでした。カミンチュは沖縄学の父である伊波普猷、民俗学の創始者である柳田國男、そして日本の人類学をけん引した馬淵東一という、各研究分野の大家がこぞって着手した研究主題でもありました。つまり沖縄の女性に関する研究は、祭祀領域における女性の地位と役割に関する研究、「聖なる存在」としての女性に関する研究からスタートしたといえます。

沖縄や奄美の文化に詳しい方ならカミンチュと呼ばれる女性司祭のことはご存知だと思いますが、知らない方もいらっしゃると思うので簡単に説明しておきます。カミンチュとは、それぞれの集落（現在の字に重なるもの）で行われる祭祀を主導する神役、司祭の立場にある人のことです。各集落にはカミンチュたちによって構成される司祭組織があり、沖縄本島の場合であれば、その最高位に立つのがノロという神役の名で呼ばれる女性です（注1）。カミンチュのなかには男性司祭もいるのですが、「女性は神、男性は人」といわれるように男性神役はあくまでも女性神役の補佐的な立場にあると考えられています。また、琉球王国時代には聞得大君《きこえおおぎみ》という女性司祭を頂点とする王府の祭祀組織がありました。その当時、各集落のノロは王府の祭祀組織の末端に位置づけられる公的な存在でもありました。宗教的な組織のトップに立つのが女性であるというのは、鹿児島以北の日本の宗教的リーダー――例えば神社の宮司さんやお寺のお坊さん――の多くが男性であることと比較すると非常に特徴的なものとして映ると思います。こうしたことからカミンチュと呼ばれる女性たちの存在が非常に注目を集めたわけです。

また、民俗学や人類学の研究者がこぞってカミンチュに関心を向けたもう一つの理由は、カミンチュやそれに関わる習慣が〈オナリ神信仰〉と呼ばれる沖縄の観念と関わりを持つと考えられてきたからです。オナリというのは沖縄の古語で男のキョウダイ（兄弟）からみて女のキョウダイ（姉妹）のことを意味する言葉です。オナリ神信仰とは姉妹が兄弟を守護する霊的な力を持っているという考え方、観念のことです。沖縄にはこのオナリ神信仰の現れではないかと考えられている習慣がいくつも報告されています。兄弟が遠洋航海や戦争に行く時、姉妹から手ぬぐいや髪の毛を受け取るというのは代表的なものといえるでしょう。その他にも、当主の姉妹にあたる女性が結婚して既に家を出ていたとしても実家の祭祀において主導的な役割を担うというのもさまざまな地域でみられます。そして、前述したカミンチュも特定の家から代々選出されることが多いのですが、当主の姉妹の立場にある女性が代々継承すること、つまりオバからメイへ代々継承することを理想としています。こうした継承方法をとることもオナリ神信仰の影響であると考えられてきたわけです。

では、伊波普猷・柳田國男・馬淵東一を例にそれぞれの研究者がオナリ神信仰をどのように捉えていたか簡単に説明したいと思います。伊波普猷はオナリ神をかつて琉球王国時代にみられた観念として捉えています。そしてオナリ神を根拠に琉球王国時代は女性の社会的地位が高かったという指摘を行っています（伊波、2000［1919］）。柳田國男は、オナリ神を日本にかつてあった原初的な宗教観念の一つとして捉え、それが今なお沖縄に現存していると考えました。なぜこのように考えたかというと、柳田は日本人と沖縄人は民族的に同一であると考えており、それを立証することを研究の目的としていたからです（柳田、1990［1942］）。日本人と沖縄人は祖先を同じくするという考え方のことを日琉同祖論といいます。そして馬淵東一は、オナリ神信仰は沖縄の親族体系にも影響を与えているという立場にたち、世界各地の親族体系との通文化比較を行いました。そのうえで沖縄の親族体系は姉妹の霊的優位がみられるオセアニア型の一類型であるという指摘を行いました（馬淵、１９７４［１９６８］）。

三者の研究の相違点は多々ありますが、一つ重要な点を指摘しておきます。それは、伊波がオナリ神のことを琉球王国時代にかつてみられた観念として描いたのに対し、柳田と馬淵は今日も脈々と受け継がれている沖縄を特徴づける観念として描いたということです。つまり、後者の二人は現実の社会変化をあまり考慮していなかったという特徴がみて取れるのです。この三名の研究者が後の研究に与えた影響は大きく、この後、オナリ神やカミンチュは民俗学や人類学の中心的な研究テーマとなります。第二次世界大戦後、とりわけ１９５０年代から１９７０年代はヤマト（鹿児島以北の日本）の研究者による沖縄研究が飛躍的に進んだのですが、そこでもオナリ神やカミンチュに関する論考が多く出されました。戦後に進められた研究でもオナリ神やカミンチュは一大テーマだったわけです。

しかし、伊波がオナリ神についての論考を執筆したのは１９１９年、つまり大正8年のことです。その時点で伊波はオナリ神を過去のものとして描いているわけです。戦後、沖縄の暮らしは急速に変化しました。村落祭祀も例外ではなくカミンチュのなり手がおらず、村落祭祀を維持できないという集落も出てきました。もちろん研究者たちがこうした社会変化を見過ごしていたわけではないのですが、オナリ神研究の膨大な蓄積の一方で、戦後の沖縄社会においてオナリ神に関連した習慣がどれくらい維持されていたのか、当時の沖縄を特徴づけるようなものだったのかという疑問も浮かび上がってくるわけです。

また、これまでの研究はオナリ神信仰を姉妹と兄弟、ひいては女性と男性を対立的・序列的に捉えがちであったことも指摘できます。より平たくいえば、姉妹の地位の高さ（低さ）の問題として捉えがちであったということです。伊波が琉球王国時代の女性の社会的地位の高さの根拠としてオナリ神を取り上げたのはその端的な例として示すことができるでしょう。また、馬淵はオナリ神のことを「姉妹の霊的優位」と表現しています。馬淵の場合、実際の女性の社会的地位に関してはまったく言及していないのですが、それでも優位という表現からは姉妹が兄弟よりも上であるかのような印象を受けます。

こうした捉え方からも分かるように民俗学や人類学の研究者は、女性が祭祀において中心的な役割を担っているということを、沖縄の女性の社会的地位の高さや女性の神聖性として、つまりポジティブなものとして解釈してきました。そして、オナリ神に強い関心を注ぐことによって、そうした女性の聖なる位置づけが今日も脈々と維持されているかのように描いてきたわけです。みなさんのなかにも「沖縄の女性は強い」あるいは「神秘的な力を持つ」というイメージを持ってらっしゃる方、テレビや雑誌、本などでそうした沖縄女性のイメージを目にしたり耳にしたりしたことがある方もおられるのではないでしょうか。民俗学や人類学のオナリ神やカミンチュの膨大な研究蓄積はこうした沖縄女性のイメージを生成し、強化する、その一翼を担っていたといえます。

「抑圧された存在」としての女性

ところが１９８０年代に入るとこれまでの研究とはまったく逆の女性と祭祀の捉え方が登場します。その発端となったのが１９８０（昭和55）年に起こった「トートーメー継承問題」といわれる女性運動です。トートーメーとは位牌のことを意味する沖縄語です。この運動は地元新聞社である琉球新報社の１９８０年1月の新聞紙面に掲載された「うちなーいなぐ・いきが」という連載がきっかけとなって起きました（琉球新報社、１９８０）。沖縄語では女の人のことを〈イナグ〉、男の人は〈イキガ〉といいます。ですから「うちなーいなぐ・いきが」とは「沖縄女男」といった意味になります。この連載は日常の暮らしのなかに潜む女性差別を明らかにするという意図で開始されたといわれています。この背景には１９６０年代から１９７０年代に欧米を中心に展開され、世界的に運動が拡大していったウーマンリブ、第二波フェミニズムの影響があったことは間違いないでしょう。第二波フェミニズムのスローガン「個人的なことは政治的なこと」からも分かるように、この頃、これまでプライベートなこととして見過ごされてきた事柄を女性差別の問題として積極的に捉え返そうとする取り組みが盛んに行われていました。「うちなーいなぐ・いきが」もこうした取り組みに影響を受けて始められた連載だと考えられます。

それではトートーメー継承問題とはなにかを理解するために、まず沖縄の位牌の継ぎ方を簡単にご説明したいと思います。ただし、今からご紹介する位牌の継承方法はあくまで沖縄本島やその周辺離島で理想的だと考えられているものです。位牌の継ぎ方は奄美・沖縄の間で地域差があるのはもちろん、家ごとの差もあるので一様にこのようにしているわけではありません。第一に、位牌はそれが置かれている家や土地、その他の財産とともに長男が継承することを理想としています。そして次が特徴的です。その家に娘しかいない場合でも婿養子はできないのです。娘たちは結婚し実家を離れ、父の兄弟の息子（当主の甥）の中から選ばれた養子が位牌を継ぐことを理想としています。つまり女性（娘）は絶対に位牌を継承することができないのです(注２)。しかし、女性たちが位牌祭祀にノータッチでいいかというとそうではありません。女性は位牌や家を継承することはできないけれども、嫁としても、娘としても、日々の位牌祭祀はもちろん年中行事や年忌行事の運営的な側面を担うことが期待されています。トートーメー継承問題は、女性には権利はないのに義務を負うという矛盾を孕んだ位牌祭祀の習慣が女性差別にあたるのではないかと問題提起したのです。

トートーメー継承問題の議論の中で指摘された問題点はたくさんあるのですが、第一に遺産相続の不平等ということが指摘されました。財産の多くが位牌継承者である男性（長男）に相続され、女性（娘）たちがそこから疎外されていることを指摘したのです。第二に男児出産の強要です。男性しか位牌継承者になれないので、嫁たちは男の子を産まなければならないというプレッシャーを受けているということが指摘されました。そして第三に、女性たちが祭祀の運営的な側面を担っているために身体的・精神的負担を強いられていることも指摘されました。その他にも、位牌を継ぐために居住地を制限されたり、他の宗教を信仰することを制限されたりする、つまりライフスタイルが制限されることも問題点として取り上げられました。さらにトートーメー継承問題では、沖縄の霊能者であるユタも問題として取り上げられました。ユタとは神や祖先などの超自然的な存在と交流する霊力をもち、その霊力をもとに人びとからの相談や依頼を受けている人たちのことです。ユタは位牌や墓に関わるしきたりを熟知している祖先祭祀の専門家でもあるので、位牌や墓のことを相談するためにユタのもとに足を運ぶこともよく行われます。トートーメー継承問題ではユタが男性中心的な位牌継承を推し進めていること、ユタとの金銭トラブルが起きていることなどが指摘されました。

「うちなーいなぐ・いきが」の反響はとても大きかったようで、当初はトートーメー以外のことも連載されていたのですが、トートーメーのことが紙面に載ると、それ以降はほとんどトートーメーにちなんださまざまな問題について紙面が割かれるようになります。そして、新聞連載を通して議論が重ねられるのと並行して婦人団体や弁護士団体などがそこに加わり、声明の発表やシンポジウムの開催を通じたキャンペーン活動を展開しました。キャンペーンでは遺産相続の不平等と男児出産の強要が問題として焦点化され、「トートーメーは女でも継げる」というスローガンをもとに、女性の位牌継承を認める新たな位牌祭祀のやり方が提案されました（国際婦人年行動計画を実践する沖縄県婦人団体連絡協議会編、１９８０）。「トートーメー継承問題」とはこうした一連の議論・運動のことを指しています。

トートーメー継承問題の最大の功績は、これまで見過ごされてきた位牌祭祀の問題点を浮き彫りにしたという点にあるでしょう。それにより、これまでポジティブなものとして捉えられがちであった女性たちの祭祀における役割のネガティブな側面に光が当てられることになりました。女性たちが祭祀の中心的役割を担っているという沖縄の特徴は、女性の地位が高いからそうなっているわけではなく、実は女性たちは役割を押し付けられているだけなのではないかという見方が登場してくるわけです。つまり、聖なる存在として女性をながめるまなざしに代わって、抑圧された存在として女性をながめるまなざしが強調されるようになったわけです。

その後、トートーメー継承問題に影響を受けるかたちで、法学や女性学が中心となって、これまでの民俗学や人類学の沖縄女性の描き方に対して批判がなされるようになりました。聖なる存在として女性たちを賛美する陰で、現実の女性差別を見過ごしていたのではないかと指摘されたわけです。例えば若尾典子は、伊波と柳田の研究を比較し、ヤマトの研究者たちが沖縄の女性を理想化するように描いてきたこと、それが沖縄、ひいては日本の女性たちに伝統的役割を押し付ける家父長的なイデオロギーを擁護することにつながってきたことを指摘しました。若尾の指摘からは、私たちがもっている何気ないイメージやまなざしにも同じことがいえるのだということが見えてくると思います。先ほど私が皆さんにお尋ねした「沖縄の女性は強い」「神秘的な力を持つ」というイメージは、何気ないものではありますが、こうしたイメージによって女性たちが伝統的な役割を担うことが当然視されてしまい、女性が実際に抱えている問題が見えなくなってしまう危険性があるということです。

しかし、トートーメー継承問題はものすごい盛り上がりを見せたにもかかわらず、運動そのものは単発的なものに終わったといえます。また、キャンペーンで提案された女性が継ぐという位牌祭祀のやり方もあまり浸透しませんでした。表1は、沖縄県の『平成27年度男女共同参画社会づくりに関する県民意識調査報告書』のなかにある

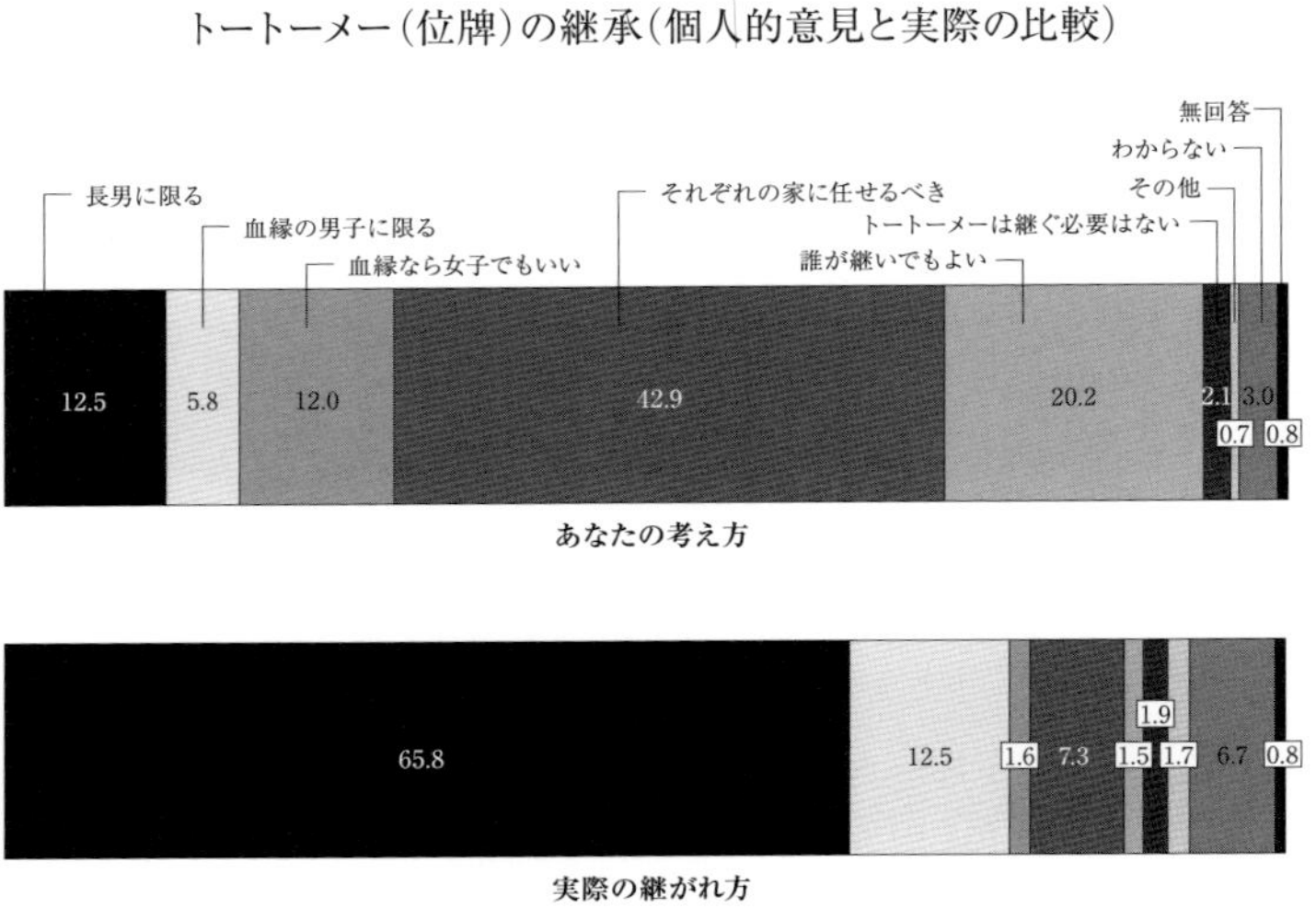

表１　沖縄県子ども生活福祉部『平成 27 年度男女共同参画社会づくりに関する県民意識調査報告書』（p.13, 図表 11）をもとに作成

「トートーメー（位牌）の継承（個人的意見と実際の比較）」というところを抜き出したものです（沖縄県子ども生活福祉部、２０１６）。見てわかる通り、位牌継承に関する個人的意見、あなたの考え方というところでは、「それぞれの家に任せるべき」が42・9％、「誰が継いでもよい」が20・２％というように、各自の判断にゆだねるような回答が多数派です。しかし、実際の継がれ方のところでは「長男に限る」が65・８％にもなっています。スローガンにもなった女性の継承については１・６％ぐらいしかありません。ここからは、「トートーメーは女でも継げる」というスローガンによって提示された新しい位牌の継ぎ方は、実際のところほとんど浸透していないということが見えてきます。

このことからは、なぜトートーメー継承問題は多くの人びとの支持を集めたのにもかかわらず、慣習の改善という点では影響を及ぼさなかったのかという疑問も出てくると思います。その原因は複合的ではあるのですが、一つだけ指摘しておきます。それは、トートーメー継承問題における女性の描き方、つまり「抑圧された女性」という女性たちへのまなざしは、女性たちの祭祀にまつわる悩みや不満を浮き彫りにするという点では極めて効果的だったのですが、あくまで女性と祭祀の関係の一側面を捉えたに過ぎなかったからだといえると思います。例えば、トートーメー継承問題の時に批判されたユタも、実際にユタのもとに足を運ぶのは女性であるということも少なくないわけです。ここからは女性たちが男性中心主義的な位牌の継ぎ方を推し進めているという現実があることもみえてきます。また実家の遺産相続では自分に権利がないことを不満に思っている女性たちも、婚家で嫁として祭祀を取り仕切る立場になれば、祭祀に関わる負担の多くを背負うであろう長男一家が多くもらわなければ割に合わないと考えていたとしても驚くべきことではないわけです。つまり、女性たちもただ抑圧された存在であるわけではなく、場合によっては男性的な位牌継承の支持者となっていること、あるいは一口に「女性」といってもさまざまな立場があるということ、そういった女性の多様性・多面性にまで踏み込めなかったということがいえると思います。

相反するまなざしを超えて

ここまで、沖縄の女性に対して「聖なる存在としての女性」と「抑圧された女性」という、相反するまなざしが向けられてきたことを見てきました。それを踏まえた上で、近年どのような研究が行われているのかを見ていきたいと思います。

まずいえることは、とくに1990年代は女性と祭祀に関する研究がぐっと減ったということです。その理由は、とくに人類学による沖縄研究が減ったということもあるのですが、それだけではなく、これまでの研究が祭祀などのいわゆる伝統的なことばかり扱っていたのではないかという反省がなされたからです。この頃から、これまであまり取り上げられることのなかった事象に光を当てるような研究が行われるようになりました。こうした研究の流れは近年も続いていて、そこではジェンダーやセクシュアリティに関心をもつ研究者が中心となって研究を進めています。例えば、明治・大正期に海外やヤマトへ移住した女性に関する研究（勝方＝稲福、２００６）、米軍統治下の女性のリプロダクティブ・ヘルスやセクシュアリティに関する研究（澤田、２０１４）、性風俗に従事する女性の研究などがあります（菊池、２０１０・上間、２０１７）。これら研究の特徴として指摘できるのは、第一に分析の上で沖縄が辿ってきた歴史の特殊性や社会状況をとても重視しているということ、そして第二に沖縄社会内部の女性の多様性に目を向けているということです。

前者の歴史的・社会的状況を重視するという点は、従来の研究が沖縄の社会変化をあまり考慮にいれてこなかったという反省を受けてのことでもあります。そして後者の女性の多様性に注目するということからは、相反するまなざしどちらにも共通する問題点が見えてきます。考えてみれば、「聖なる存在としての女性」と「抑圧された女性」という二つのまなざしは、一見正反対に見えるのですが、〈男性〉対〈女性〉という対立軸をたてたうえで女性の地位が高いのか低いのかを議論しているという意味では、実は極めて似た捉え方なのだということが分かるのではないでしょうか。〈男性〉対〈女性〉という軸で考えてしまうと男性との比較にばかり目が行ってしまうので、女性が一枚岩的なものに捉えられてしまうという問題点があるわけです。しかし、皆さんもお気づきのとおり、沖縄の女性と一口にいってもさまざまな立場があって、それぞれ異なっているわけで、「沖縄の女性は地位が高い（低い）」と一様に結論づけることはできません。ですから、女性の多様性に注目するというのは、現実の複雑さや矛盾を踏まえたうえで女性たちを捉えようとする動きであるといえると思います。

また、一時期は研究の数が減っていた祭祀と女性に関する研究も、２０００年以降、若手の女性民俗学者・人類学者を中心にふたたび行われるようになってきました。私の研究もここに含められるので、自分で若手というのはおこがましいのですがどうぞお許しください。そこでは沖縄の社会状況を十分考慮したうえで、祭祀がどうなっているのか、そこで女性はどのような役割を担っているのかに注目する研究が行われています。

そこでは、これまでのオナリ神研究の再検討や再評価も重要なテーマとなっています。興味深い指摘を一つご紹介します。それはオナリ神信仰とは単に姉妹が霊力を持つという信仰ではなく、男性の存在があってはじめて女性の霊力が発揮されるという、男女の相互行為を前提とした観念ではないかという指摘です（成定、２０００）。実は、今日の午後に登壇されるクライナー・ヨーゼフ先生は１９７７（昭和52）年の論考で既にこのことをご指摘されていて、そのご研究に再び注目が集まっているというわけです（住谷・クライナー、１９７７）。これは、先ほど述べました〈男性〉対〈女性〉という対立軸をたてて女性を考察するという従来の捉え方を改めようとする流れに重なる指摘です。

ちなみに私の研究は、祭祀における女性の役割のなかでも、特に嫁の立場にある女性たちに注目して研究をしています（吉田、２０１５）。これまでオナリ神に関する研究が多く重ねられてきたことからも分かるように、先行研究が注目してきたのは姉妹（娘）の立場にある女性たちでした。しかし、女性たちは姉妹としてのみ生きているわけではありません。結婚をすれば、嫁・妻・そして母など、さまざまな役割を担うことになります。また、今の女性たちは伝統的役割を担っているだけでなく、ひとりの人間としても生きています。こうした女性の多面性に注目し、今の女性たちが祭祀とどのように向き合っているのかを研究しています。

最後にまとめます。本発表では、これまでの沖縄研究が「聖なる存在としての女性」と「抑圧された女性」という相反するまなざしを沖縄の女性たちに向けていたことを明らかにしました。そして、どちらのまなざしにも女性の現実を捉えきれないという限界があったことを指摘しました。その上で、先行研究の問題を乗り越えようとする研究が行われていることをご紹介いたしました。以上で発表を終わります。

〈注釈〉
（注１）ノロという神役名称は沖縄本島のものであり、八重山諸島ではツカサと呼ばれる。
（注２）沖縄にはシジという考え方があり、シジとは父から子どもに受け継がれる民俗的遺伝物質のようなものである。位牌継承では世代を超えてシジを共有することが重視される。娘が婿養子を迎えてしまうと、婿となった男性のシジが子どもに受け継がれてしまうため婿養子が忌避されるのである。

〈参考文献〉
伊波普猷（2000〔1919〕）「古琉球に於ける女子の地位」『沖縄女性史』平凡社
上間陽子（2017）『裸足で逃げる――沖縄の夜の街の少女たち』太田出版
沖縄県子ども生活福祉部（2016）『平成27年度男女共同参画社会づくりに関する県民意識調査報告書』
http://www.pref.okinawa.jp/site/kodomo/heiwadanjo/danjo/h27_ishikityousa.html
（最終閲覧日２０１８年４月３日）
勝方＝稲福 恵子（2006）『おきなわ女性学事始』新宿書房
菊池夏野（2010）『ポストコロニアリズムとジェンダー』青弓社
国際婦人年行動計画を実践する沖縄県婦人団体連絡協議会編（1981）『トートーメーは女でも継げる』
澤田佳世（2014）『戦後沖縄の生殖をめぐるポリティクス――米軍統治下の出生力転換と女たちの交渉』大月書店
住谷一彦、クライナー・ヨーゼフ（1977）『南西諸島の神観念』未来社
成定洋子（2000）『オナリ神信仰』再考――フェミニスト人類学的視点から」『日本学報』19,pp.21-46
馬淵東一（1974〔1968〕）「オナリ神をめぐる類比と対比」『馬淵東一著作集３』世界思想社
柳田國男（1990〔1942〕）「妹の力」『柳田國男全集11』ちくま文庫
吉田佳世（2015）「沖縄における嫁（ユミ）と娘（イナグングヮ）――祖先祭祀における女性の地位の獲得性に着目して」『文化人類学』80(1),pp. 59-70
琉球新報社（1980）『トートーメー考――女が継いでなぜ悪い』琉球新報社
若尾典子（1986）「沖縄女性史研究への基礎視角――柳田國男と伊波普猷」『沖縄文化研究』12,pp.179-215

基調報告 5

奄美の『民俗誌』の現在

福岡直子

奄美の『民俗誌』の現在

福岡直子　*Fukuoka Naoko*
豊島区立郷土資料館

奄美の『民俗誌』の現在という大変大雑把なタイトルをあげましたが、奄美の調査を経験し、それから何十年か後に再び経験すると、その中からいろいろなものが見えてくるのではないかと思います。民俗誌を、ある社会の人びとの民俗を描いた記録とし、暮らしの全体像や地域性を示すものと考え、今回の発表をさせていただきます。

奄美の民俗誌は数多く刊行されており、これからも続くものと思われます。そこで、提案することは、かつての調査地の民俗事象のその後を知るために、再訪はどうであろうか、ということです。歳月は、調査地にも調査者自身にも同じく流れました。再訪から得るものは大きく、また、民俗の変化や新たな発見と課題（注1）を見出すことになるかもしれません。

一、奄美は道の島

奄美は、島々の地理的関係から鹿児島、沖縄、中国の影響を受け、独自の文化を形成してきたといわれています。

奄美群島概況図

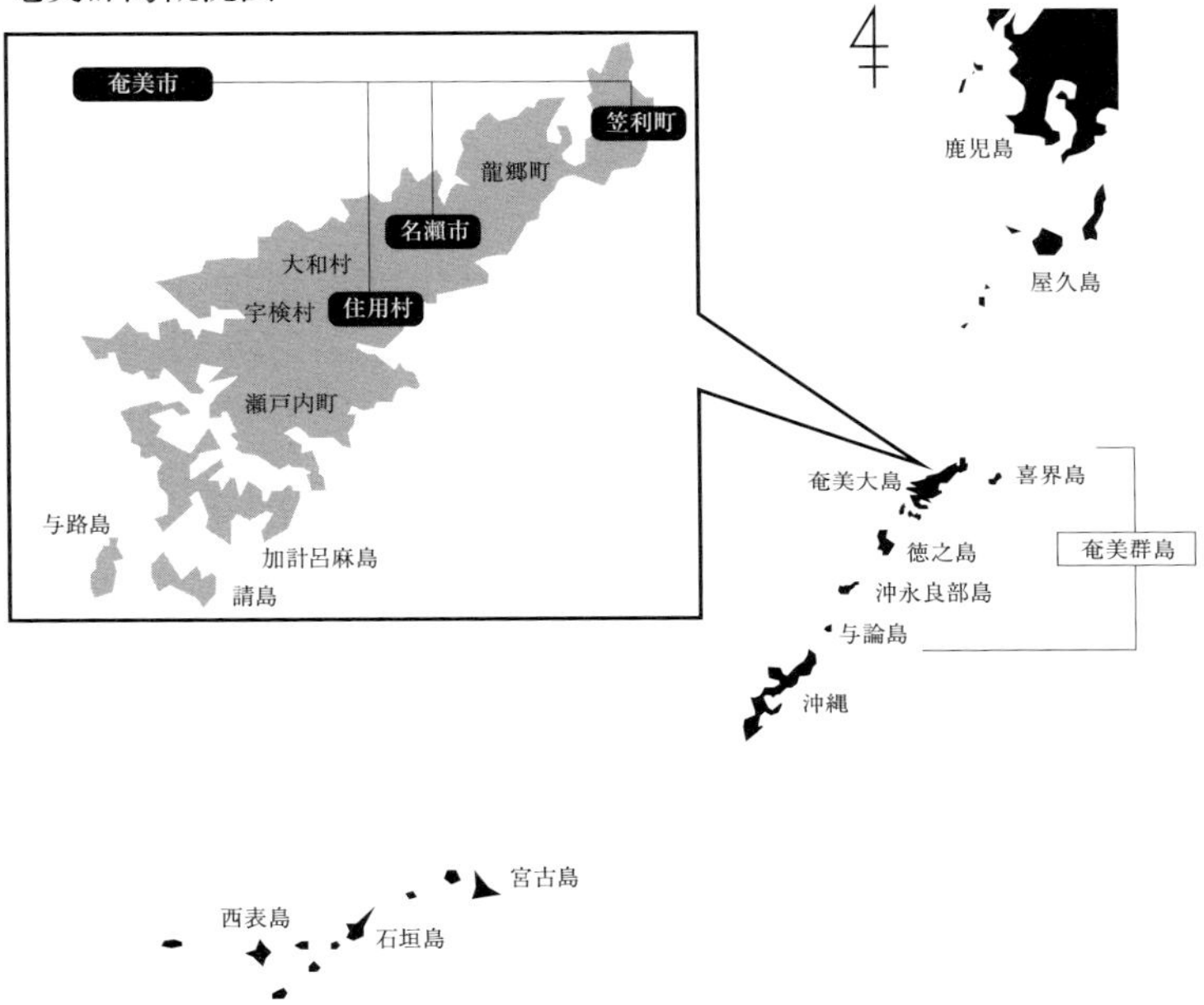

『奄美の人・くらし・文化 ── フィールドワークの実践と継続』論創社、2016　p.39所収地図をもとに加筆して作成

現在は天気予報で奄美地方ではということを耳にすることが多くなりました。マリンレジャーや台風の通り道としても浮かびます。食べ物は黒砂糖とか、多くの焼酎もつくられています。大相撲の力士には、かなり奄美出身者がいます。

では、奄美の位置を地図上で見ていきましょう。私が述べる奄美とは、「奄美群島概況図」のうち、拡大した奄美大島の図が主になります。一般に奄美群島は、有人島8島で構成され、北から大島、喜界島、加計呂麻島、請島、与路島、徳之島、沖永良部島、与論島で、それより南は沖縄県になります。こういった地理的に点在する島々の位置関係から、あるいは文化的な特色から「道の島」と言われてきております。そのことについてどのようなところでどのような民俗事象がみられるかということは写真のほうで申し上げたいと思っております。

図中の大島本島を見てください。この奄美市は、２００６（平成18）年に市町村合併特例法により名瀬市と笠利町と住用村の三つの自治体が合併されてできました（位置的に、龍郷町は合併されていません）。２０１４（平成26）年にご当地ナンバー制度により奄美ナンバーが生まれています。それから最近「奄美」という文字を新聞紙上などでよく目にすることがあると思いますが、２０１７（平成29）年には奄美群島国立公園が誕生いたしました。生態系管理型の国立公園と環境文化型の国立公園、その二本柱から成ります。人と自然の密接な関わりの文化、集落、そして景観もその中に入れられるという特色があります。また、２０１８（平成30）年世界自然遺産の登録に向けて準備中であるともいわれています。生物種の固有種、絶滅危惧種が非常に多いという特徴があります。以上が、奄美の概要でございます。

二、調査地再訪のすすめ――調査歴より

私が最初にフィールドワークを行いましたのは、１９７７（昭和52）年でした（注2）。7月末から8月にかけての10日間で、鹿児島県大島郡住用村川内（現在は奄美市住用町川内）でした。民俗学と文化人類学のゼミの合同調査で、大学3年生のときでした。集落全戸を訪れ、各自のテーマにそった調査をし、『民俗文化』という報告書は、調査の1年後に出されました。このときのことは、本格的な調査を試みましたが、民俗事象の記録という目的より、調査地での楽しかった、苦しかった、暑かった、そして調査地の方々との調査での会話や懇親会を通して得た深いつながりのほうが強く印象に残るもので、勉強は二の次でした。

当時の集落内に滞在しながら実施した調査の一端を紹介します。10日間、生活館（公民館）という場所に寝泊まり

しました。集落は80戸余りでしたので、全部のお宅に複数の学生が一人4軒あるいは5軒を持ち分として回り、まず、基本的なことである家族の人数や生業、信仰などを聞きます。そしてそれらがすべて終わりましたころに今度は、自分のテーマとすることを尋ねに伺うという順序でしました。そして、中日に集落の人びととの懇親会があり、集落民全員といっていい方たちと夜8時から遊んだのです。島唄をうかがったり、集落に伝えられた料理で、お祝いの席に出るサンゴンという料理を作っていただき、それを食べ、膳のなかみを調査させていただくということもありました。学生たちは、歌をうたったり二人羽織をしたり、笑ってもらいました。引率した指導教員の作で、奄美の言葉による学生の寸劇は、一日で覚えることが大変でしたが好評で、今でも笑いながら思い出してしまいます。この懇親会は、忘れもしません夜8時から12時までしました。懇親会の場となった板敷きの生活館の床を雑巾がけして寝たのは1時になっていました。翌日会った島の人たちから昨日あれがうまかったねと言われ、おかげで調査をより進めることができました。滞在期間を終えたときは非常にさみしい思いでした。調査の川内から名瀬の市街に出るまで車で1時間ちょっとかかりますが、帰路の車中では誰一人何事も言わずに黙ってしまって、いつまでも手を振って見送ってくれるおばあさんたちをじっと黙ってみつめていました。帰校後は、調査のまとめと報告書の刊行の作業となりましたが、この間、手紙で調査地の方々へ問い合わせをしたりということはありました。

１９７７年の最初の調査以後、学生と一緒に、あるいは個人で、また共同研究の仲間とともに調査をする機会を得ました。そして40年ほどたった今、過去の調査データを生かすために、１９９８（平成10）年から２０１０（平成22）年まで各地を個人あるいは仲間とともに回りました。

では、奄美を何点かの写真で紹介します。

［奄美を撮る］

ここに示した9点の写真を説明します。各写真にはタイトルと内容の概略、撮影年、撮影場所を記しました。写真5は植田俊秀氏提供、それ以外の写真撮影は筆者です。

まず、写真1は、奄美大島本島南部の加計呂麻島のさらに南方にある離島の請島の集落内の様子です。サンゴ石灰岩の石垣とそれに続いて並ぶブロック塀ですが、一本の自然木がたてかけてあります。これを用心棒といって、猛毒の蛇であるハブに出会ったときに身を守ったり捕獲するためのもので、集落内の道々にあります。サンゴ石灰岩の石垣の光景は少なくなりましたが、ブロック塀内を通る鉄棒（写真左上部分）は、塩害によりもろくなるといわれているため、サンゴ石灰岩の石垣は現役です。

写真2は、道の丁字路にある自然石です。垣根の下方に、あえて置いてあるものです。この集落では、「道の突き当りの屋敷はよくない」といわれています。そのために悪いものが入らないようにという意味を込めて存在します。沖縄のヒンプンのような意味があるのでしょう。この諸鈍集落の他の場所には、自然石ではなく、「石敢當」という文字を刻んだ石工がつくったものが置かれ、いつの頃か、

写真1　「珊瑚の塀と用心棒」ハブに出会ったら捕獲（2007年、瀬戸内町請阿室）
撮影：著者（以下、特記なき写真）

写真2　「丁字路の石」"道の突き当たりの屋敷はよくない"（2007年、瀬戸内町諸鈍）

鹿児島の石屋から持ってきたものということです。

写真3は、民家の入口です。左右のブロック塀の間に扉はなく、正面に衛立のようになった塀があります。さらにその上に、複数の貝が置かれてあります。貝にはツノがあり、これが多いほど魔除けになるといわれています。家屋へ入るところをカドグチといい、奄美の集落ではよく見る光景です。

写真4は、大島北部の旧笠利町用集落の浜の様子です。女性たちが、テル（運搬用具）で浜のきれいな砂を墓へまくために作業をしているところです。旧暦7月7日は盆の始まりであるということから、このようなことをします。「墓をきよめる」という意味があります。また、「先祖が帰ってくるときの目印」として、タナバタの飾り（笹竹に短冊等・本土のものに似る）をするといわれています。

写真5は、写真4の浜に続く場所でのことです。ハマオレという行事で、旧暦4月の申か寅の日に行っていたものです。近所の家の人たちが組になり浜で飲食をともにし、青壮年がこぐ板付船の競争を楽しみます。集まる人たちは、各自で酒、重箱に料理を用意する、「一重一瓶」というむかしながらの習

写真3 「民家のカドグチ」正面にブロックの壁と多くの貝（2009年、瀬戸内町諸鈍）

写真4 「盆の始まりは七夕」きれいな砂をテルで墓地へ（1981年、旧笠利町用）

写真5 「一重一瓶でふなこぎ競争」青年団と壮年団の板付舟が沖へ（1984年、旧笠利町用）
撮影：植田俊秀

写真7　「十五夜」供え物は団子、酒、トン、マン、ジスキ等（2008年、旧笠利町用）

写真6　「シマの豊年祭」アガリの力士による取り組み前の儀式（1983年、宇検村芦検）

わしで集まります。

写真6は、集落最大規模で実施される豊年祭のごく一部を撮影したものです。奄美の多くの集落では、集落から離れた人たちも帰省して、8月中旬から9月中旬くらいに行われます。豊年祭といえば相撲といわれるように、親子、兄弟、従兄弟同志という対戦で取り組まれることが特徴の一つです。この場面は、取り組む前の儀式です。男性は、かぞえ50歳が力士としての最後の年令で、アガリといいます。豊年祭は、かつては稲の豊作を感謝するものでしたが、現在は、集落の出身者を迎え、ともに楽しみ、青年団や壮年団が力を合わせて催すことで集落の団結心を高め、集落を盛り立てる意味が強く込められたものになっています。

写真7は、十五夜のとき、東からあがる月の出をまち、祈っているところです。供え物は、団子（上新粉）、酒、トン（サツマイモのこと）、マン（サトイモのこと）、ジスキ（ススキのこと）です。いずれもサンバラ（大きなザル）にのっています。団子の数は、15個ではありません。つくる数が決められてはいませんが、このときは、110個ほど作りました。そのうち2個は他より大きいもので、ひとつは月を、そしてもうひとつは太陽を意味するものということで、祈るときは、一年間無事に過ごせた感謝と、これからも家族が元気であることを願う気持ちを持って拝むということで

写真8　「シマの共同墓地」家ごとに石塔墓、地上式納骨室も（1983年、宇検村芦検）

写真9　「厨子甕」土製骨壷、道光（中国の元号）と陰刻、高さ約60cm（1998年、宇検村芦検）

す。日本各地で行われている十五夜の行事との類似や相違を確認しながら奄美各所の十五夜を比較すると、そのなかに奄美の基層文化が見出せるかもしれません。統計を示すことはできませんが、用集落では、供え物に違いがあったり、また、用集落で生まれ育った80歳を超える人のなかでも、この行事をやったこともないし、今回、初めて見たという人もいました。

写真8は、宇検村芦検の集落の共同墓地です。撮影年の1983（昭和58）年の様子ですが、墓地には各家ごとの墓石がみられます。墓石の形はまちまちで、地上に納骨室があるもの、地下に納骨室があるもの、家の形をしたもの、台座の上に竿石があるもの等です。墓地全体は、北側が山、南側が海で、樹木でおおわれています。この写真ではわかりにくいのですが、なかには、サンゴ石灰岩を土中の骨壺に被せて墓石を示すものもありました。ですが、沖縄地域でみられる亀甲墓の形をしたものはありません。このような墓地は、奄美大島では一般的と思われますが、芦検では、1996（平成8）年、各家の墓石をなくし、集落全体の納骨堂をもつ共同墓地になりました（注3）。

写真9は、厨子甕です。洗骨をした遺骨を納める容器で、土製です。鳥居のような形、花の模様がつけられ、底には12個の穴があけられてあります。文字が刻まれており、「道光三十庚□正月十□求之」（□は判読不能）

とあり、また、「道光十年庚□正月十□」という字もあります。両者の筆記は多少異なるようにみえます。道光は中国の元号で、道光十年は西暦１８３０年です。この厨子甕には、中国、琉球、奄美の文化の流れが感じられます。今後、奄美の厨子甕を複数調査することで、文化の交流経路がよりわかっていくものと思われます。

ごくわずかの写真からですが、奄美の基層文化を知りつつ、それが、琉球（沖縄）、中国とも関連するものであることがわかります。また、鹿児島にもつながることから、奄美の位置からは、道の島を意識させられるのです。

三、さまざまな民俗誌——奄美をフィールドに

私の調査はシマを、つまり集落ごとにしてきました。「シマ」というのは、奄美ではその居住空間としての集落、それから自分自身の精神的な拠り所としての集落、という意味で使っています。またそのシマは、そこに住んでいる人たちだけでなく、そこの出身者も含めた概念、それでシマというように考えられてもおります。このような捉え方は奄美社会の

さまざまな民俗誌－奄美をフィールドに－

①『奄美—自然・文化・社会—』	1982年	九学会連合奄美調査委員会編　弘文堂
1955～1956年以後、約20年間における奄美社会の変化について言及した報告。		
②『同志社女子大学　奄美・加計呂麻島調査　第一次報告書』	2009年	同志社女子大学 現代社会学部・社会システム学科発行
調査体験の初々しい感想も掲載。		
③『請阿室新公民館落成記念誌　請阿室集落のあゆみ』	2005年	請阿室津公民館建設推進委員会発行
編集後記に「－今回発刊される集落誌は、この書を通じて昔の姿、現在の姿をできるだけ多くの方々に知って頂き、又後世に伝える事を目的に作成されたものであります－」とある。		
④『ふるさと屋鈍の譜』	1985年	向實盛著・向徹郎編　私家版
「後世に残したい」という個人の意志。		
⑤『宇検村誌』		民俗編継続中
2017年は村制100周年、村の「今」を記録する、自治体の特徴を記述する。		

大きな特徴であると思います。結論を申し上げると、シマごとの民俗誌は、シマごとに特異な民俗事象がある奄美社会にとって、たいへん有効なものであると思っております。それが、今は非常に少なくなってきているのではないかと感じ、盛んになることを願っています。

民俗誌の捉え方は多岐にわたると思われますが、刊行別では、①研究機関、②教育機関、③集落（シマ）、④個人、⑤自治体のように考えられます。その一例を、「さまざまな民俗誌」として記してみます。それぞれの目的で出されているようですけれども、今後それを特に充実させていくとともに、かつてのフィールドの再調査を試みる必要があるのではないだろうか、そして刻々と変化するシマ社会を考えたとき、先の調査データを再考することは重要であるとともに、今後のシマ社会をみつめなおしながら、新たな課題が提示されていることに気づかされるのです（注4）。さらに、その民俗事象の変化は、シマの共同墓地のあり方の変化を例にしてもわかるように、日本の今の問題を考える上で、たいへん示唆的であることが多いのです。人の暮らしを重点に聞きとりをし、それを記録して残してきた民俗誌は、ひとの思い出が詰まったものであるとともに、未来を創造するに欠かせぬものであり、それが使命として求められているものであると思っております。

〈注釈〉

（注1）例えば、宇検村芦検における豊年祭の変化については、次の拙稿を参照していただきたい。「豊年祭についての一考察——奄美大島宇検村芦検を例として——」『南島史学』第23号 南島史学会、１９８４。「豊年祭にみる民俗社会の変化　奄美大島宇検村芦検を例として」『民俗文化研究』第三号 民俗文化研究所、２００２。

（注2）筆者の調査歴の概略を示しておくこととする。初回は、１９７７（昭和52）年である。次に、１９８０（昭和55）年、１９８１（昭和56）年、１９８３（昭和58）年、１９８４（昭和59）年に行う。その後、１９９８（平成10）年に再開する。調査先は、大島本島及び加計呂麻島である。折々の調査報告は、いくつか公表したが、調査方法、調査地、新

旧撮影写真等を所収した次の文献をご覧いただければ幸いである。植松明石監修　民俗文化研究所奄美班編『奄美の人・くらし・文化――フィールドワークの実践と継続』論創社、２０１６

（注３）子細は拙稿を参照していただければ幸いである。「奄美大島〈芦検〉の新しい共同墓地――建設にいたる経過と墓制の変化――」『民俗文化研究』創刊号　民俗文化研究所、２０００

（注４）シマの人が心のよりどころとする墓地を文化遺産として捉え、その歴史と文化を明らかにし、地域活性化につなげることを目的に、宇検村は墓地調査を実施した。全集落の共同墓地の墓石の形態・石材・碑文等を考古学的手法により時間軸をすえて調査し、２０１５（平成27）年、２０１６（平成28）年に報告書を刊行した。同村では、２０１７（平成29）年12月現在、14集落のうち８集落が共同納骨堂を完成させている。墓の所有者等への聞き取り調査や文献資料との整合を図ることを課題としている。

特別記念講演・第1講演

グローバル沖縄――ホスト&ゲスト

渡邊欣雄

渡邊欣雄
東京都立大学名誉教授・首都大学東京名誉教授・日本文化人類学会名誉会員

埼玉大学教養学部卒。東京都立大学大学院博士課程満期退学。博士(社会人類学)。跡見学園女子大学、武蔵大学、東京都立大学、首都大学東京、中部大学、國學院大学の専任教員を歴任。1969年より沖縄県東村にて社会人類学調査。日本文化人類学会会長、日本民俗学会理事ほか日本の文化人類学界・民俗学界を牽引。

1985年伊波普猷賞、1990年東村村政功労賞、1993年沖縄研究奨励賞、2005年民俗研究傑出貢献賞受賞。

主な著作:『沖縄の社会組織と世界観』(新泉社)、『沖縄の祭礼－東村民俗誌』(第一書房)、『風水思想と東アジア』(人文書院)、『民俗知識論の課題－沖縄の知識人類学』(凱風社)、『世界のなかの沖縄文化』(沖縄タイムス社)ほか多数。

専門研究地域は日本本土・沖縄・台湾・中国。

グローバル沖縄――ホスト&ゲスト

渡邊欣雄　*Watanabe Yoshio*
東京都立大学名誉教授、首都大学東京名誉教授、明治大学島嶼文化研究所客員研究員、明治大学研究知財戦略機構研究推進員

A．講演の目的

渡邊でございます。講演ということで、つたないお話をすること、大変恐縮しております。「グローバル沖縄」というこのテーマ、このタイトルだけでは、私が何を話すのかなかなかわからないと思いますが、これから世界的なレベルの話をしていきたいと思います。それで時間をいただければ、以下の話をしたいんです。私の最近の研究は次のようになっています。

1．カメルーンの中国人研究　2．中国の日本人研究　3．沖縄の中国人研究　4．ブラジルの沖縄人研究

今年（２０１７年）の3月まで國學院大学に在職していたわけですが、その前に中部大学におりました。その頃に「国際的な移民研究プロジェクト」という計画があって、アフリカに行ったり中国に行ったりしていました。その続きで國學院在職期、国際交流基金の資金ですがサンパウロに行きました。ですから右の研究内容の1、2、3、

4と話をすると地球を一周してしまうので、時間の関係上、本日は沖縄に限ってみて、3、4の話を中心にしてみたいと思います。

その前提となる考え方として2003年、私が企画・編集した『沖縄文化の創造』(勉誠出版)に書きました理論があります。沖縄文化を理解する上で、「沖縄という場所」で「沖縄に住んでいる人」を対象とするのが「沖縄」研究だという、もはやそういう時代ではなくなっているという指摘をしました。〔沖縄地域≠沖縄人≠沖縄文化〕という話をしたわけです。ですから今日の発表もそうなんですが、「沖縄」とは一体何か、「沖縄」が何によって表象されているのか、この本の中では「仮構」という言葉を使いました。私の唱える「仮構」というアイデアは、もともとは小坂井敏昌さんが『民族という虚構』(2002)という本を出され、その中でセンセーショナルな議論を起こしたことに発しますが、私は民族は「虚構」ではないと考えました。「民族」と言おうと「沖縄」と言おうと、「虚構」とは「ないもの」なのに「ある」かのようなことを意味します。英語ではフィクションで、この「仮構」もフィクションなんですが、「仮構」は少し違い、辞書を引けばわかりますが、「仮構」というのは考案された時点では脳裏にしかないものですが、「仮につくったもの」としては存在するものです。イメージ先行型というか、あるいはプロジェクトによる、はじめ企画した上で後に誰かつくったもの、そういうようなものとして存在するものです。これからお話しするようなことを言います。分かりやすい例で言いますと、『ちゅらさん』というNHK番組の中にだから例えば『島唄《しまうた》』を山梨県でつくってみたり、ゴーヤーを東京で栽培して、「沖縄食材」として売ってみたり、出てきたゴーヤマンという人形があって、ドラマの中で出てきた商品が後になって沖縄の観光の商品としてでき上がってくる、ですから前後の問題として逆になっているんですね。イメージ先行型の文化、だから、そういう沖縄を描こうと思うわけです。

要するに先にイメージや計画プランが「仮構」（仮につくられたもの）としてあって、後で実際にモノや文化がそのイメージやプランに沿ってでき上がること、そんな話の例を挙げてみたいわけです。

B．海外の移住者を受け入れてきた「ホスト沖縄」の概要――中国人（含台湾）の例

まず、最初に「ホスト沖縄」です。

海外の移住者を受け入れてきた沖縄の例ということで、つまり「ホスト」としての沖縄の例をここで挙げたいのです。まずゲストとしての大陸中国移民の例なんですが、これは歴史の上では台湾からの移民に先行しています。もともと沖縄への大陸中国からの移民は、１３９２年、「閩人三十六姓」の渡来が最初と言われていますが、福建省からの移民です。三十六姓というのは実際、三十六の集団を数えた移民とは言えないわけですが、多数の技術者が来たと言われています。そして１６０９年、沖縄側では琉球処分があります。そして図１で言うところの④番、１８９５年の日本による台湾の領土化が起こります。さらに１９４５年に日本が敗戦となり、今度は米軍統治の時代になってきます。そうした中で起こってくる、１９７２年の台湾との断交による複雑な国際関係があって、そして図１の⑥番目の近年の中国との関係が出てきているわけです。今日、話すのは、そのすべての国からの沖縄への移民ではなくて、中国からの移民、しかも過去の歴史である図２、すなわちAではなく図３、すなわちB、図４のCの部分を中心にお話ししようと思います。

今日は詳しくは話す時間がありませんが、「閩人三十六姓」の移民は歴史上最も重要な移民です。この移民史に始まる、14世紀から現代に至るところの、中国の人びととの国際関係は今も続いていて、この種の移民研究も極めてたくさんあります。したがって中国移民が、沖縄に与えた影響は大きいのですが、あとで質問があればお話しします。

いずれにしても、この時代から沖縄は極めて「ハイブリッドな文化」、すなわち中国文化の影響が浸透してしまった沖縄文化が形成されたわけです。図２の③の久米村人〈クニンダンチュ〉は、現在でも「閩人三十六姓」であることを誇りにしているわけですね。仲井真前県知事は〈クニンダンチュ〉の子孫です。だから我々は沖縄にいる中国

沖縄と中国との歴史的関係の概要

①1392年に始まる中国との不断の外交関係。冊封—朝貢関係。⇒A
②1609年の「島津の琉球入り」に始まる薩摩藩の附傭国化。
③1879年の日本政府による「琉球処分」(日本国への一方的な編入)。
④1895年の日本による台湾の領土化⇒沖縄への台湾移民(石垣島)。⇒B
⑤1945年日本敗戦⇒米軍の沖縄統治⇒
1972年中国との国交回復/台湾との断交⇒
無国籍状態⇒台湾住民の日本籍化
⑥近年大陸中国と沖縄の新たな国際交流　⇒C

図1　沖縄と中国との歴史的関係の概要

A. 沖縄と中国との歴史的関係

①1392年　閩人三十六姓の渡来と帰化。伝承上「洪武帝の命により福建省(閩)から琉球へ渡来して帰化した」とされている。航海・造船技術の技術者、外交文書の作成や通訳、交易などを担った職能集団。
②1470年の記録『朝鮮王朝実録』に「(那覇には)唐人商販に来たりて、因りて居する者あり」とある。貿易・商売の目的で琉球に渡来・居住していた。
③久米村人(クニンダンチュ)　**閩人三十六姓の子孫。那覇久米村(唐栄)に住んだので「久米三十六姓」ともいう。現在「久米崇聖会」を組織している。**

⇒今回の講演では対象としない。

図2　A:沖縄と中国との歴史的関係

B. 沖縄と台湾との歴史的関係

小熊誠1989「石垣島における台湾系移民の定着過程と民族的帰属意識の変化」『琉中歴史関係論文集』第2回国際学術会議報告

①1895年　日清戦争により台湾が日本領となる。
②1934年頃　台湾移民が石垣島で商売。
③1938年頃　台湾移民が石垣島名蔵に入植。その後大同拓殖株式会社設立。名蔵・嵩田でパイン、茶、サトウキビ栽培。水牛も導入。会社員は戦後台湾に帰ったが、自由移民は定着。
④1930年代～大戦末期　西表炭鉱坑夫として中国・朝鮮・台湾から移住⇒帰郷。
⑤1945年～1972年　台湾⇒中華民国、沖縄⇒米軍統治下、いずれも日本国領土下にあらず。

図3　B:沖縄と台湾との歴史的関係(注１)

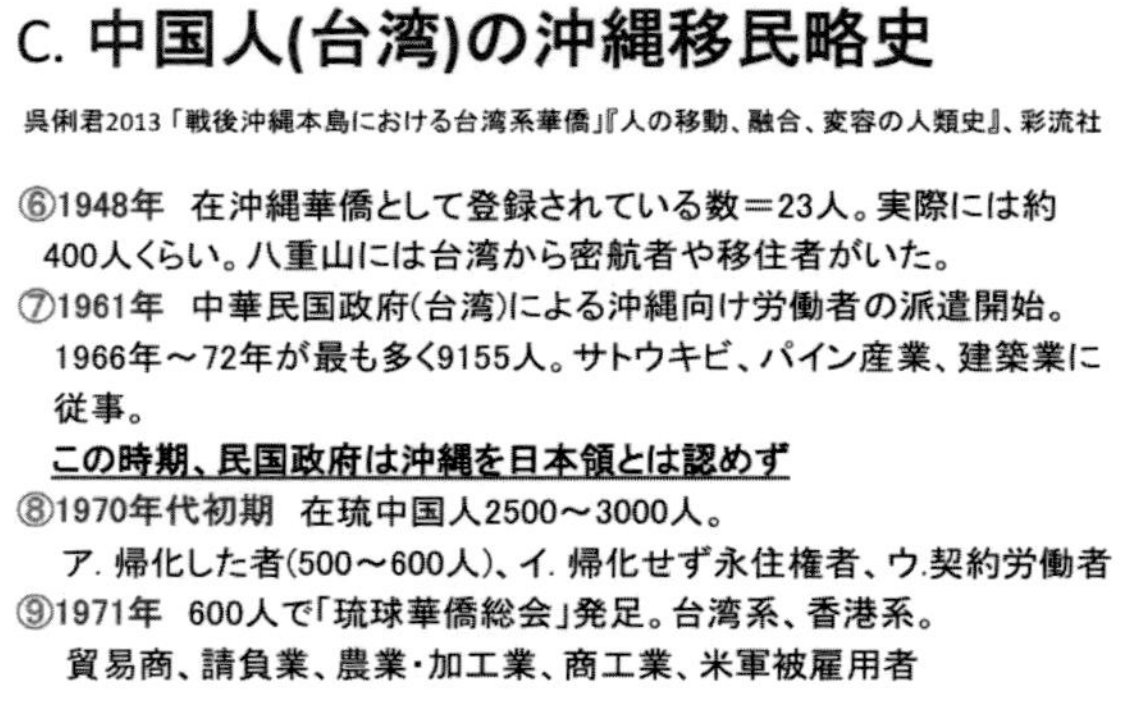
C. 中国人(台湾)の沖縄移民略史
呉俐君2013「戦後沖縄本島における台湾系華僑」『人の移動、融合、変容の人類史』、彩流社
⑥1948年　在沖縄華僑として登録されている数＝23人。実際には約400人くらい。八重山には台湾から密航者や移住者がいた。
⑦1961年　中華民国政府(台湾)による沖縄向け労働者の派遣開始。1966年～72年が最も多く9155人。サトウキビ、パイン産業、建築業に従事。
この時期、民国政府は沖縄を日本領とは認めず
⑧1970年代初期　在琉中国人2500～3000人。
ア. 帰化した者(500～600人)、イ. 帰化せず永住権者、ウ.契約労働者
⑨1971年　600人で「琉球華僑総会」発足。台湾系、香港系。
貿易商、請負業、農業・加工業、商工業、米軍被雇用者

図4　C：中国人（台湾）の沖縄移民概史（注２）

系の人びとに気づかないけれども、裏には「ハイブリッドな沖縄」が存在するわけです。

本日、私が話したいのは、移民文化としての沖縄、とりわけ台湾との関係です。始まりは図３の①②の年代を見てわかる通り、１８９５年の台湾併合以来しばらくして、台湾からの人びとが石垣島に来始めています。本格的には図３の③番ですね。今でも〈名蔵《なぐら》〉（石垣島の地名）に子孫がおられると思いますが、入植してサトウキビ・パイン・お茶とかを栽培し始めます。水牛を導入することにより、その当時は人力により耕作していた水田ですから、水牛は何十倍も効率が上がるわけですね。現地とのトラブルもあったようですが、それにしてもこの時代に、特に注目したいのはパイナップルが導入されていることです。今、沖縄はパイン栽培で有名ですが、その始まりが台湾にあり、また今、水牛が観光に使われているところがありますが、水牛も台湾から入って来たものであることは記憶すべきであろうと思います。それから、ここには挙げませんが「台中六五号」、これは日本が台湾で品種を改良して使ったお米の品種でしょうけれども、いずれにしても台湾の水稲ですね、これを沖縄に持ってきて、在来種の米と台湾種の米と掛け合わせ、品種改良により稲の増収を図ったということも台湾からの輸入です。その他、農業だけではなくて、炭鉱で働く台湾からの移民

等々がいたわけです。

1945年から1972年、これが大変な時期なんですが、沖縄が日本ではなくなった。また台湾が中華民国になりました。その台湾から新たな移民がやって来るわけですけれども、その当時、台湾は〈中華民国政府〉ですが、沖縄を日本領と認めていないんです。そのことが非常に複雑な関係をもたらすわけです。

さらに戦後になって、台湾から来た、というか、そもそも沖縄に在籍し、在留していた人びとが23人記録されているが、実際は400人ぐらいいたというんですね。密航もありました。与那国を通じたバーター取引もあり、政府の統計によらない貿易や人の移動があったわけです。そして1960年代、これは中華民国政府自体による、沖縄への労働者の派遣という時代があったわけです。来沖した人びとはさまざまな産業につくわけですが、どういう人が多かったかというと、主として米軍の関係で家具を売ったり、米軍施設で働いたり、また、わざわざ米軍の敷地内の学校に留学したり、その他、米軍関係の職業に従事する人たちがやって来たわけですね。この傾向は、沖縄が日本に返還されるまで続きます。

1970年代に中国人が3000人ぐらいいました。そのうち、「帰化」すなわち日本籍を得た人びとは、600人いたという統計が出ています。

さて、やがて、台湾との国交断絶という時期が来るのですが、その前年、1971年に「華僑総会」という組織ができるわけです。移民の人たちの台湾籍・香港籍の中国人による、そういう人たちがつくったいわゆる互助会です。「琉球華僑総会」というのは現在でもあるのですが、その人たちが組織をつくったというのはなぜかというと、日本が中華民国（台湾）と断絶するということは、日本政府が中華民国（台湾）を国家として認めなくなったという国際問題になる。そうすると、台湾籍の人びとは国籍がなくなってしまう。国籍不明になってしまうわけです。

写真1　戦前台湾からもたらされた作物と家畜

パイナップル栽培（沖縄県東村）　撮影：著者（以下、特記なき写真）

与那国島の水牛（1980年）

しかも台湾側も日本・沖縄に住んでいる台湾の人たちが日本国籍に変えるということ自体を認めないという、そんな時期が一時期あるんですね。両方の国から睨まれているような、そういう状態が続いている時期に、互助会ができ上がります。今に至るまで、この互助会は組織として続いていますが、主として台湾系の人びとですが、香港系の人びとも入っています。彼らが組織化して、当時どのような職業についていたかというと、もう農業ではなくて、本部は那覇にあり、農業・工業・商業に従事する人びとでした。こういうような人たちがいて、国籍がどちらなのかというのは、わかりにくいのですが、聞き取りによりますと、当時５０００名が日本に帰化していたといいます。

戦前にもたらされた代表的な例というのは、東村で栽培していることで有名な、パイナップル栽培でした（写真１上）。また、私が調査した与那国島でも水牛がよく使われていましたが、水牛はおとなしい

写真２　台湾系の中国人組織

沖縄の台湾系住民の組織である「琉球華僑総会」のある華僑ビル

台湾との実質上の外交の窓口になっている「台北駐日経済文化代表処那覇分処」（総領事館）

動物なので非常に使いやすいとのことでした（写真1下）。こういう沖縄の風景です。これらはまさに台湾から来たものです。

この写真2は、現在の「華僑総会」のあるところです。まず右側の写真についてですが、これは、1972年からの日本（沖縄）と台湾の間の詳細な歴史はともかくとして、大雑把に言いますと、中華民国政府は初めは沖縄が日本領になっていることを認めなかったのですが、台湾が民進党政権下になって、2004年のことですが、初めて沖縄を日本領として認めることになりました。国交がないから、ここに領事館の代わりをつくらなければならなくなり、「台北駐日経済文化代表処那覇分処」というのがここにでき上がりました。実際、大使館のような役割もしているわけですが、日本の方も暗に、台湾を政府見解ではなく認めているわけですが、そういう状態になって、こういう名前の施設ができて那覇にあるわけですね。それから写真2の左側ですが、久茂地華

写真3　中国大陸系の中国人組織

那覇郊外にある大陸系の「沖縄新華僑華人総会」の事務所。設立は2009年、再組織化して2011年、組織を結成。中国と沖縄の交流拠点であり、在琉中国人のサービス拠点

僑ビルというのがあります。那覇のチョコレートミルク通りというところに、「琉球華僑総会」があるのですが、これは台湾系です。ここでは「双十節」など、台湾の国のお祝いをやっておりますし、中国式の旧正月をやっています。たまたま沖縄は旧正月に行事ができますので、そういう行事は台湾から沖縄に持ち込んでやっているし、同時に沖縄の人びととの交流もしているわけです。私の会った人びとの話によれば、沖縄からの台湾への観光、台湾から沖縄への観光には差異があるという話でしたが。そういう人びとの交流を「華僑総会」、あるいは那覇にある「台北駐日経済文化代表処」の両方で、さまざまに斡旋をして交流を促進しています。そういう移民組織が沖縄に存在しているわけです。

同時に、中国大陸から移民した人びとは、もともとは歴史上、いわゆるクニンダンチュのように、特に福建省から渡って来た人びとだったわけです。いってみれば、オールドカマーのような感じでいたわけですが、ニューカマーの中国大陸の移民はというと、しばらくの間、沖縄が軍事基地だったということもあって、ほとんど人が来ていないわけですね。

しかしいわゆる大陸の人たちも、２００９年に互助会をつくるほどになりました。名称は、「沖縄新華僑華人総会」という組織です。はじめは「沖縄華僑総会」でしたが、一度、意見の違いから分裂して、２０１１年

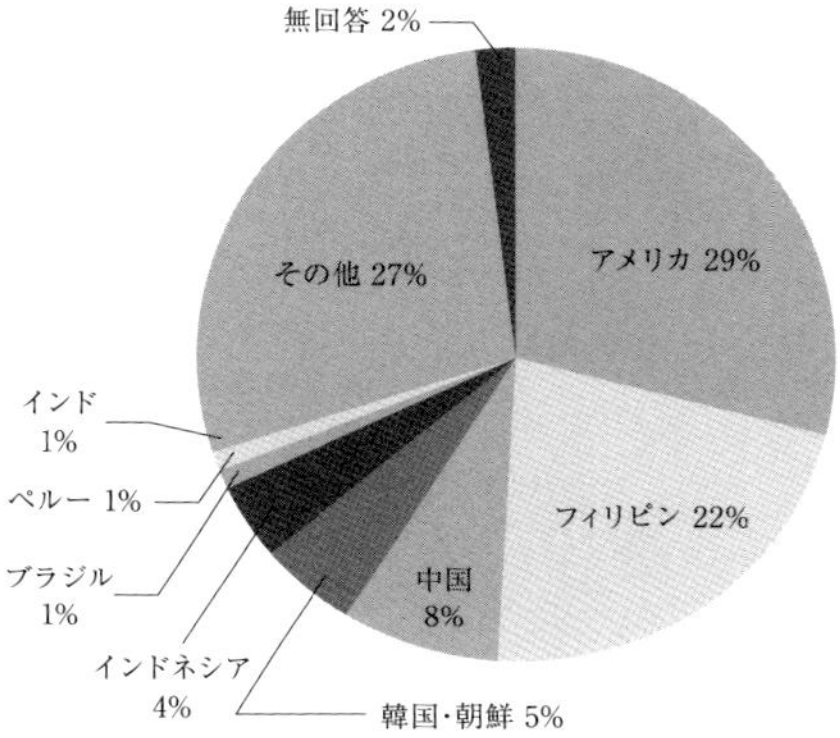

2013年統計による在琉外国人数

①	アメリカ人	2,408人
②	中国人	2,166人
③	フィリピン人	1,596人
④	韓国・朝鮮人	775人
⑤	インドネシア人	203人

統計年度により差があるが、概して
在琉中国人は多い。
国別なので台湾は入らず。

図5　『沖縄県多文化共生推進調査事業報告書』(2015)による在琉外国人比率

に再組織化し、沖縄と中国の交流を図ろうとしている。中国領事館をはじめ政府機関としては別の組織があるのですが、それとは別のいわゆる文化交流をすすめる機関です。これは、那覇の北の方にあります（写真3）。写真3は「沖縄新華僑華人総会」の事務所です。同時に、広西省から来た人びとの同郷会があり、その人たちの会もこのビルに入っております。このように沖縄には、台湾から来た人びととは別の組織が存在するわけです。

さて、図5は『沖縄県多文化共生推進調査事業報告書』から引用したものです。この表は２０１５年、沖縄に住んでいる外国人の数を示したものです。２０１５年の時点ではアメリカ国籍が29％、フィリピン22％、3番目に中国（8％）、よくみると台湾がないですね。公には台湾を認めていないという数字です。２０１３年になると、外国人登録数は、変わってしまいます。２０１３年は中国人が第2位になっています。こういう数字を見ると、我々が考えている移民の人口が把握できるかと言うと、そうではないわけです。

今度は２０１０年時点の統計ですが、沖縄に住んでいる外国人は７６５１人です、全国で30位と書かれています。ところが、この数字にはアメリカ軍家族が４万人いるわけですが含まれていない。これは統計に

沖縄における中国人の現況

①沖縄在住の外国人は2010年時点で、7,651人で全国30位とされていた。うち中国人は1,333人で、アメリカ人2,081人についで2位。しかし米軍家族44,963人は統計に含まれてないし、台湾も無視されている。日本籍を持った中国人(中国系日本人)は、むろん含まれていない。

②2013年の話では、台湾との断交後、日本政府の勧めで日本国籍を取得した台湾人は在琉台湾人の9割に達した。国籍を問わず在琉台湾系の華僑華人は推定20,000人だとされる。同様に大陸系の華僑華人は、およそ3,000人いるとの話である。

③彼ら在琉中国人には、沖縄は住みやすい地域だという。言葉こそ違うが、歴史上の理由から中国文化とあまり違和感がなく、食事も合いやすい。

④沖縄県もまた歴史上の理由から中国・台湾双方との交流を重視しており、貿易・留学・旅行・探親・イベントが盛んである。県や市町村でも「多文化共生」の方針を打ち出して支援を進めている。

図6　沖縄における中国人の現況

入っていないし、また台湾出身者がこの統計に入っていないんです。ましてや日本籍を持った中国人＝中国系日本人は、数字に含まれていません。そうすると移民人口を知るには、聞き取りデータしかないわけです。２０１３年の聞き取りによると、日本政府の勧めで日本国籍を取得した台湾人は、在留沖縄台湾人の９割に達したと言われています。国籍を問わず台湾系の華僑華人は、推定２万人だとされています。この人たちは、いわゆる華僑総会に属している人たちです。同様に大陸系の華僑華人は、おおよそ３０００人いるとのことです。ですから沖縄の地域に、いわゆる海外の文化、出自を持っている人たちが統計数字より以上にいるというわけです。

　実際、複数の台湾系、大陸系のインフォーマントに聞くと、意外に沖縄は住みやすいと言います。沖縄の食文化が中国と似ているし、生活文化・風俗・習慣も似ていると言います。「閩人三十六姓」の時代からかなり経っていますので、もともとは中国の文化だったものが沖縄文化となってしまっていて、違和感がないというのが中国・台湾の人たちの感想でしょう。気候もよく、国の気候に似ているということもあるはずです。

　沖縄県側も積極的な政策をとっています。先ほどの「多文化共生」と

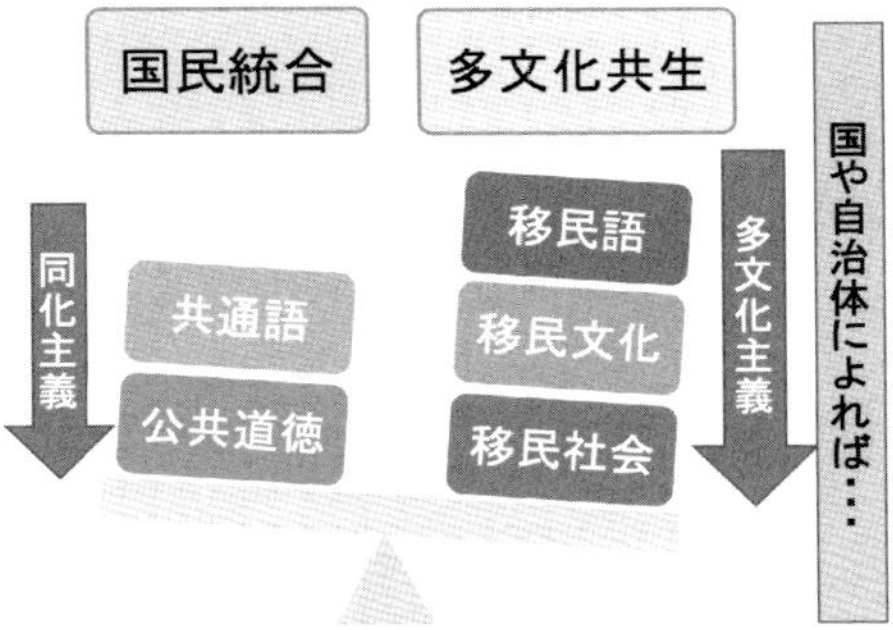

図7　政府や自治体による多文化共生と統合政策

いう政策、これは県だけではなく各市町村単位で行われていますが、さまざまな貿易・留学・旅行等々の斡旋なり紹介、調査が実施されているわけです。これは21世紀に入ってからの政策なので、普及するのはこれからなのです。

ここでまとめてみますと、つまり、「ホスト」沖縄側から見る、とくに自治体側から見てみると、まあ住民の方から見ると違うのかもしれませんが、このような図7が描けるわけです。「多文化共生」政策を進めているので、まさに県や市町村の方針としているわけですから、当然、華僑華人系住民がいることを知っていて、その生活や人権を認めている。「双十節」という台湾のお祝いやまつりごとも認めている。そして中国語自体も認めている。同時に「自治会に参加しませんか」とかの呼びかけも進めていたりさまざまなこともやっていて、「共存主義」というか、共通の交流活動が進められていると、一応そういうことにしておきます。

それで、そういう活動が沖縄にあって、もはや純粋の「沖縄」の時代ではないという話になるわけですが、さてここで目を転じて、「海外に沖縄出身者を出してきた『ゲスト沖縄』の概要――ブラジル移民の例」に話題を移します。

C．海外に沖縄出身者を出してきた「ゲスト沖縄」の概要――ブラジル移民の例

まずはブラジルの概要です。かなりの巨大な国です。世界第五位の面積と人口を持っている。ポルトガルがこの大陸を発見して以来何世紀も経ていますが、文化的カテゴリーは図８の通りです。この中で沖縄系は①でいうと、その他に入ってしまうわけですね。②はアジア系が入ります。

ここでは、ブラジルだけの話をしたいと思います。ブラジルへの移民は、公には１９０８年、かなり遅れて移民が開始されています。ここで理解したいのは、最初の日本からの移民が７８１人と言われていますが、その中で３２５人が沖縄の出身者だったということが非常に大きいと思います。沖縄系の移民は当初から41％ほどを占めているわけです。

最初の笠戸丸で７８１人が移住したわけですが、ブラジルというのは、どちらから行っても日本から同じ距離なわけです。この時はアフリカ経由で行ったようです。最初のパスポートがこういうものでした（写真４右）。

ブラジルに渡った日系移民たちがどのような職業についていたかは、いろいろな研究がされています。ブラジルはコーヒー栽培が盛んで、当初はその労働者として働いていた。その後いろいろな事件が起こるわけですが、低賃金でかなり過酷な労働だったので、沖縄の人に限らないのですが、農園から逃げ出すようなことがあり、それが日本政府に伝わって、沖縄の人だけのせいにされたといいます。この差別問題は未だに歴史に残っていますが、かなり過酷な労働があったようです。

写真５は、成功物語の例なんですが、こうやって後になると沖縄の人たちは、バナナ園を栽培するほどになります（写真６）。かなり広い農園ですが、ブラジルで日系全体を含めて成功しているのは農業なんですね。いろんな農業を持ち込んでいるし、栽培に成功しているのは日系です。日系移民というのは、ブラジルの農業をつくった民族

ブラジル連邦共和国の概要

面積　851万1965k㎡(世界第5位)

人口　1億9840万人(世界第5位)

略史　1500年ポルトガルが発見、ポルトガル領、1822年独立。

文化カテゴリー「人種・民族」

①白人53.7%　ムラート38.5%　黒人6.2%　その他1.6%

②ヨーロッパ系、アジア系、アフリカ系、先住民

宗教　**カトリック73%　プロテスタント15.4%　無宗教7.3%　他宗教4.3%**

図8　ブラジル連邦共和国の概要

沖縄系移民の歴史　1

石川友紀　2005「沖縄県における出移民の歴史及び出移民要因論」、『移民研究』

1885 (明治18)年　日本からハワイへ最初の移民。

1900 (明治33)年　沖縄からハワイへ最初の移民。26名

1903 (明治36)年　沖縄からハワイへ2回目の移民。40名

1904(明治37)年　ハワイへの移民が増加。
メキシコとフィリピンへ移民開始。

1905(明治38)年　仏領ニューカレドニア島への移民開始。

1906(明治39)年　ペルー移民開始。ハワイ移民が大部分を占める。
沖縄県の 海外移民4,670人を記録。

1908(明治41)年　ブラジル移民開始。**移民781人中沖縄系移民が325人と41.6%を占める**。一部は南下しアルゼンチンに再移住。
ブラジルには戦前～戦後約21,000人、
アルゼンチンは7,000人余が沖縄から。

図9　沖縄系移民の歴史 1(注3)

写真4　沖縄系移民の歴史 2
(注)以下、写真4～写真8までは、ブラジル沖縄県人会編2014『写真で見る沖縄県人移民の歴史』同県人会刊を参照した。()内は同書の掲載頁。

ブラジルへの移民航路を描いた絵葉書
(p.21より)

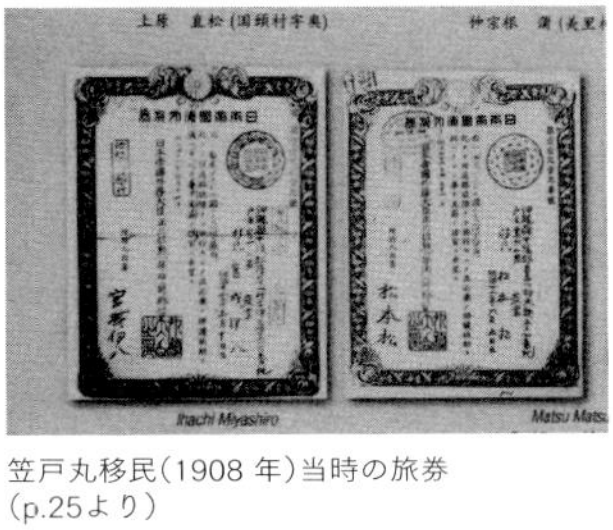

笠戸丸移民(1908 年)当時の旅券
(p.25より)

でもあります。

　以後写真は「ブラジル沖縄県人会編『写真で見る沖縄県人移民の歴史』2014年刊」を用いて話します。もう一つは小学校、これは比嘉秀吉さんがつくったとはっきりわかっているんですが、早い時期から小学校をつくってきたという歴史があるわけです。これは、ブラジルにとって大変な貢献になりました。世界を見渡しても、日系移民や日系人は学校建設に非常に熱心でした。こうした伝統は今も続いています。

　さて、日系移民の歴史の続きですけども、戦前ですが、ハワイ、ペルーと続きます。第二次世界大戦までかなり多かったのは旧南洋群島への移民で、その中に沖縄の人びとが多数を占めていることを理解しておかなければならな

写真5　沖縄系移民の歴史 3

戦前の陸稲栽培風景（p.44より）

戦前の珈琲農園風景（p.126より）

写真6　沖縄系移民の歴史 4

1930年代の広大なバナナ農場（p.54より）

1936年、比嘉秀吉が創立した小学校（p.51より）

いと思います。私が沖縄に滞在していた時に、よく聞かされたのは旧南洋諸島への移民の話ですね。例えば沖縄県東村で聞いた話ですが、東村で最初に運送業に従事した人間が旧南洋群島でもらった運転免許の持ち主であったというように、文化の輸出入が戦前からあるわけですね。

　戦前に何が行われていたかというと、海外の移民からの援助によって沖縄県の財政がもっていたという事実でした。ブラジルに移民資料館がありますが、そこの資料を見て驚きました。明治45年から大正10年にかけての10年間、あるいはそれ以上の年、海外からの送金額は、沖縄県総歳入額の66・4％に相当していました。沖縄県の３分の２のお金が海外から来ていたのです。今

沖縄系移民の歴史　5

『海外移住資料館だより』24号(海外移住探検隊) **Vol.9**

①ふたたびハワイへの沖縄系移民史

1899年の契約移民26人に始まり、第2次世界大戦前の1938（昭和13）年までに約2万人がハワイへ移住。その後、アメリカ本土にも進出していった。

②ふたたびペルーへの沖縄系移民史

1906年から始まったが、1918年（大正7年）以降、約半数を沖縄系移民が占めた。**現在ペルーの日系人約80,000人の約70%が沖縄系だとされる。**

③ふたたびその他の地域への沖縄系移民史

第二次大戦まで旧南洋群島に日本人が移住し、1937年（昭和12年）には約62,000人の移民。**その55%相当の34,000人が沖縄系移民だった。1942年（昭和17年）には沖縄系移民は57,000人と、日系移民の約79%を占めた。**

図10　沖縄系移民の歴史５

沖縄系移民の歴史　6

『海外移住資料館だより』24号(海外移住探検隊) Vol.9

④戦前期の海外移民による沖縄救援活動

大正末期～昭和初期、疲弊していた沖縄県経済にとって、移民からの送金は頼みの綱だった。1912年（明治45年）～1921年（大正10年）の間、100万円前後が毎年送金されていた。**1929年（昭和4年）の198万円という送金額は、県歳入総額の66.4%に相当していた。**1933年（昭和8年）には200万円を突破し、1937年（昭和12年）には3,567,094円とその頂点に達した。

⑤戦後の海外移民による沖縄救援活動

太平洋戦争で壊滅的な打撃を受けた沖縄の救済に立ち上がったのも海外の沖縄系移民たちだった。南米では呼び寄せ移民の受け入れに賛同。ハワイを中心に「戦災沖縄救援運動」が**米国本土や南米に広がり、各地で沖縄救済会・救援連盟等が結成された。**

ハワイ沖縄救済連盟は米軍船により衣服や食料、種豚などを送った。当時、現金を日本に送ることが禁じられていたがGHQ（連合国軍最高司令官総司令部）の許可を得、アジア救済連盟LARAに救援資金を送金しLARAが物資を購入、沖縄へ配給するルートが開かれ、1947年（昭和22年）秋に配給が始まった。

図11　沖縄系移民の歴史 ６

の時代でいうと、「ふるさと納税」でもっている県というような状態だったと思います。戦後においても、沖縄は太平洋戦争の激戦地になったわけですが、それによって「戦災沖縄救援運動」というのが起こって、物資、衣料、食料などを送って沖縄の生活を支えていたというのも海外移民によります。このことも、また沖縄県内だけでは理解できないことの一つです。

さて戦後になるわけですが、戦後はアルゼンチン、ペルー、ボリビアあたりから移民が始まるわけですが、ブラジルに関しては1951年からです。また移民が再開されて、その移民の中で戦後は沖縄系が一番多くなったわけですが、ブラジルへ9494人が移住しています。

沖縄系移民の歴史 7

『海外移住資料館だより』24号(海外移住探検隊) Vol.9

④戦後の移民史

移住者たちによる沖縄救援策の一つとして、戦後も海外移住が1954年(昭和29年)、アルゼンチン、ペルーへの近親者による呼び寄せから始まった。

また琉球政府が米軍支配下で独自の移住政策を展開し、ボリビアへの開拓移民を計画する。1954年(昭和29年)の第1、2次合わせて405人を皮切りに1964年(昭和39年)の19次まで3,298人がボリビアに入植した。

1951年(昭和26年)の日本～ブラジル国交回復以後、再びブラジルへの移民数が増加し、1959年に日本人移民は年間で7000人を超え、延べ移民総数は13万人に達した。また、**沖縄系のブラジルへの移民も戦後では国内最多となる9,494人が移住している。**

図12　沖縄系移民の歴史 7

写真7　沖縄系移民の歴史 8

1946年 小学校再建
(p.157より)

1978年、ブラジル沖縄県人会館新館完成
(p.228より)

沖縄系移民の歴史　9

石川友紀 2005『移民研究』1

⑤官民協同による組織的な沖縄移民の支援 1
⇒沖縄県による海外移民積極政策

1924 (大正13)年、沖縄移民の保護奨励・知識の普及・海外在留者との連絡、海外に必要な人材養成などを目的として「**沖縄県海外協会**」創設。第2次世界大戦前の事業実績としては、機関誌発刊のほか、渡航者の教養、渡航手続きの世話、渡航相談部・帰朝者倶楽部の設置、海外在住者の留守宅訪問、講演会・座談会、2世の慰問激励などがあった。

1934（昭和9）年、那覇市若狭町に移民のための「**開洋会館**」が落成。ブラジルにおける**沖縄移民解禁運動**(※)に果たした役割は大きかった。しかし第2次世界大戦の敗戦により自然消滅。

図13　沖縄系移民の歴史 9（注３）

そうやって戦後もまた、日系移民は小学校をつくっていく。これはブラジルに限らない、日本人の凄さは世界各地に小学校をどんどんつくっていくことでしょう。その国の教育活動に大変貢献しているわけですね。ですから写真7の左は日系の学校ですが、再建して師弟の教育を始めているわけです。またこの写真7の右は「ブラジル沖縄県人会館」ですが、ブラジルの47都道府県の都道府県人会館の中では、一番大きいと思います。ここの会館から沖縄文化が、ブラジルの中で発信されていると言ってもいいと思います。

次の話は、沖縄側から海外への移民促進が戦前、戦後を通じて行われてきたという話なのですが、沖縄側も「沖縄県海外協会」というのをつくり、戦前の事業実績としては、渡航者の教育、渡航手続きの世話、渡航相談、海外在住者の留守宅訪問などのサービスをしていました。そして、那覇に「開洋会館」（昭和9年）がつくられます。図13の中に「沖縄移民解禁運動」というのがありますが、これは先ほど少しお話ししたように、日系人の移民当初、ブラジルの過酷な労働のため、コーヒー農場から逃げ出す人間がいたわけです。沖縄人が一番多いんだといって、当時、一時期、沖縄からの移民を日本政府が禁止するわけです。ブラジル政府としては、アメリカと違い、日本からの移民のストップはしなかったのですが、日本政府の方が沖縄の移民の渡航を禁止するということをやったんですね。それが、二度、行われているわけです。それが解除された時代、それを一生懸命解除させようとして行った運動が「沖縄移民解禁運動」なのです。この「開洋会館」をつくって、沖縄の移民差別を無くそうとする運動があった。

そして、戦後も続く沖縄側からの移民促進で、特に著しい変化は1990年の日本の「出入国管理及び難民認定法」の改定以後、帰還移民を認めるようになったことです（図14）。特にブラジルの移民ですが、もともと沖縄出身者で、ブラジルに渡り何世か経って後、人びとが帰国したいという者に、日本国籍を与え、職場を与えるということを日本政府がし始めたわけです。これによって、日本への移民が急激に増えます。ただし沖縄に関しては、ブラジルからの帰還移民がそんなに多くない。実は東村が一番多いんですが、3名です。沖縄で最大のブラジルからの帰還が3名なんです。まあ、ブラジル以外の国から沖縄に帰る人びとが増えてくるわけです。

次は、1990年、今度はどのようなことが始まるかというと、沖縄と世界間の文化交流ですね。これが今日まで続く国際交流なのですけれども、沖縄県で「第一回世界のウチナーンチュ大会」が開催されます（写真8右）。17ヶ国、2400人の沖縄系移民が沖縄県民と交流しました。それとウチナーンチュ大会はよく知られていて、WuBというウチナーンチュのビジネスの交流会が大きいと思います。経済交流が盛んで、世界のビジネス交流も現在、行われています。この団体は4ヶ国語で、すなわちポルトガル語、スペイン語、英語、日本語で交流するということをやっているようです。

写真8の左がポスターなんですが、「海外移住者歓迎レセプション」と命名されていますから、沖縄側で貼ったポ

沖縄系移民の歴史と現在　10

石川友紀 2005『移民研究』1

⑥官民協同による組織的な沖縄移民の支援 2

1948（昭和23）年　沖縄海外協会再発足。

1953（昭和28）年　沖縄県を網羅する組織として琉球海外協会に改組。

1964（昭和36）年　(社)沖縄海外協会と改称して業務を継続。

1973（昭和48）年　日本復帰により**(社)沖縄県海外協会**と改称。

1989（平成元）年　同協会解散。業務を沖縄県国際交流財団に引き継ぐ。

1990（平成2）年　日本の**「出入国管理及び難民認定法」**（**入管法**）の改定以後、沖縄ほかの帰還移民急増。

図14　沖縄系移民の歴史と現在10

沖縄系移民の歴史と現在　11

石川友紀 2005『移民研究』1

⑦組織的な沖縄移民と沖縄県との国際交流

1990（平成2）年　沖縄県で「**第1回世界のウチナーンチュ大会**」開催。17ヶ 国約2,400人の沖縄系移民が県民と国際交流。

1995（平成7）年　第2回大会、25カ国約3,800人が参加。2～3世のジュニアミットなども行われた。以後5年おきに開催。

1997（平成9）年　非営利団体＝WUB(Worldwide Uchinanchu Business Association)をハワイで結成。ハワイ・ブラジル・アルゼンチン・ボリビア・ペルー・北米・東京・香港・沖縄に9支部。**世界の沖縄人のビジネス・文化・教育交流と相互の親睦を図ることが目的。**世界大会は1997年にハワイ、1998年にブラジル・サンパウロ市、1999年に北米・ロサンゼルス市で開催。日本語・英語・ポルトガル語・スペイン語の4ヶ国語で開催。

図15　沖縄系移民の歴史と現在11

スターです。この写真は１９８９年、海邦国体のものです。それから、世界ウチナーンチュ大会のポスターも写真８の右のようなものです。海外の沖縄系移民は、これらに参加して地元に随分帰ってきています。

今度はブラジルにおける写真（写真９）なんですが、向こうで「ウチナー新聞」が発行されています（左）。これはポルトガル語ですね。中に、ところどころ日本語が入っている箇所もあるんですが、多くはポルトガル語です。そういう新聞に沖縄出身者の話題が出ているし、ローマ字で沖縄の言葉の発音を載せています。このように沖縄語を守ろうとしているのです。

写真10の左はブラジルにおける沖縄の紹介本ですが、ポルトガル語の雑誌もあるし、ブラジルで空手をやったり沖縄の踊りをやったり、こういうものが沖縄文化として紹介され、また実施されている（写真10右）。

写真8　沖縄系移民の歴史と現在 12

1989 年の海邦国体に伴う歓迎会
（p.224より）

1990年、初のウチナーンチュ大会
（p.259より）

写真9　沖縄系移民の歴史と現在13

ウチナー新聞

沖縄語の普及

写真10　沖縄系移民の歴史と現在14

ブラジルの沖縄紹介本

多様な沖縄の紹介

写真11の左はサンパウロ郊外のビラ・カホン地区でして、沖縄系の人びとが多く住んでいる地域です。そこで話を聞いたり、祭りに参加したりしましたが、この写真を見てみると街の風景は沖縄とはちょっと違うポルトガル風なんですが、しかし沖縄祭りをやっている時に行って見たのですが、この写真11の右を見ると沖縄らしい、要するに出店があり、沖縄文化の展示があり、また沖縄のエイサーを踊るというような出し物がある。

写真12の左になってくると沖縄らしくなってきますね。「Hiija Nu Shiru（ヒージャーヌ汁）」、少し文語的なんですね。ブラジルでヒージャーの刺身を食べたかったのですが、刺身はダメでした。あと、沖縄そばを食べたりしました。写真12の右はといえば、これはエイサーと言っていいのか、琉球国祭り太鼓と言っていいのか。このような踊りのグループは、各地区ごとにあります。

ブラジルの沖縄系の人びとは、推定36万人と言われています。沖縄の人たちだけでやっているとは思えないのですが、いずれにしてもエイサーはチーム対抗でやっています。もはや沖縄に行かなくても、ブラジルの中でエイサー大会をやっているということですね。

ここで一つのまとめなんですが、今言った通り、海外全体の日系人に占める沖縄系移民の割合ですが、日系人口約２５０万人のうち13・６％を占めると言われています。この数は、現在、日系人の中で一番多いですね。明治期は、広島県、福岡県の順でした。ところが、今は、沖縄県が圧倒的に多いわけです。国別の日系人における沖縄系移民の割合を見てもですね、ブラジルやハワイは多く、アフリカなどは少ない。ブラジルが15万人で約10％、アメリカは９万人で約８％を占めています。ついでペルー（70％）、アルゼンチン（70％）ボリビア（69％）というように、日系人における最大人口を沖縄系が占めています。

参考までに第二次世界大戦前の沖縄系移民の多かった地域を示しますと、フィリピン（約２万人）、シンガポール

写真11　沖縄系移民の歴史と現在 15

ブラジル最大の沖縄人口地区＝サンパウロ・ビラ・カホン地区

ビラ・カホンでの沖縄祭りの風景

写真12　沖縄系移民の歴史と現在 16

山羊汁の出店など

沖縄太鼓踊り

（約3000人）、南洋群島（約5万人）、台湾（約2万人）、満州（約3000人）の沖縄系移民がいたとされています。ですから、戦後、移民先が変わってしまったわけです。

図17は、沖縄県交流推進課による情報から得た「世界のウチナーンチュ分布図」ですが、これを見ても全体がハワイも含めて新大陸が多くて、戦前には多かった台湾、フィリピンは、そう多くはないわけです。ヨーロッパも多少いますが。というようにアメリカ、中南米には、ウチナーンチュ、つまり沖縄系出身者が多いということが、これでわかるわけです。

さて、ここに問題が出てきます。ブラジルに行ってみると、もはや4世・5世の時代で、こういう人たちがつくっている「沖縄」というイメージです。彼らに沖縄というイメージがなければ沖縄ではない。では何が「沖縄系」なのか？「ウチナーンチュ」って何なのか？　ということ

沖縄系移民の歴史と現在　17

石川友紀 2005『移民研究』1

④海外の日系人に占める沖縄系移民の割合(世界全体の推計)

現在(2000年)海外の沖縄系移民（2～3世などを含む）は約36万人と推定され、全日系人口約250万人の<u>13.6%</u>を占めている。

⑤海外の日系人に占める沖縄系移民の割合(各国別の推計)

沖縄系移民の多い移民先をあげると、ブラジルが約15万人（全日系人の約10%）、アメリカ合衆国が約9万人（同約8%）、ペルーが約8万人（同約70%）、アルゼンチンが約3万5,000人（同約70%）、ボリビアが約6,000人（同約60%）。

⑥参考　その他、第二次世界大戦前の沖縄系移民の多かった地域

第2次世界大戦前には、南北アメリカ大陸のほかに、フィリピンに約2万人、シンガポールに約3,000人、南洋群島に約5万人、台湾に約2万人、満州に約3,000人の沖縄系移民がいたといわれている。

図16　沖縄系移民の歴史と現在17

世界のウチナーンチュ分布図

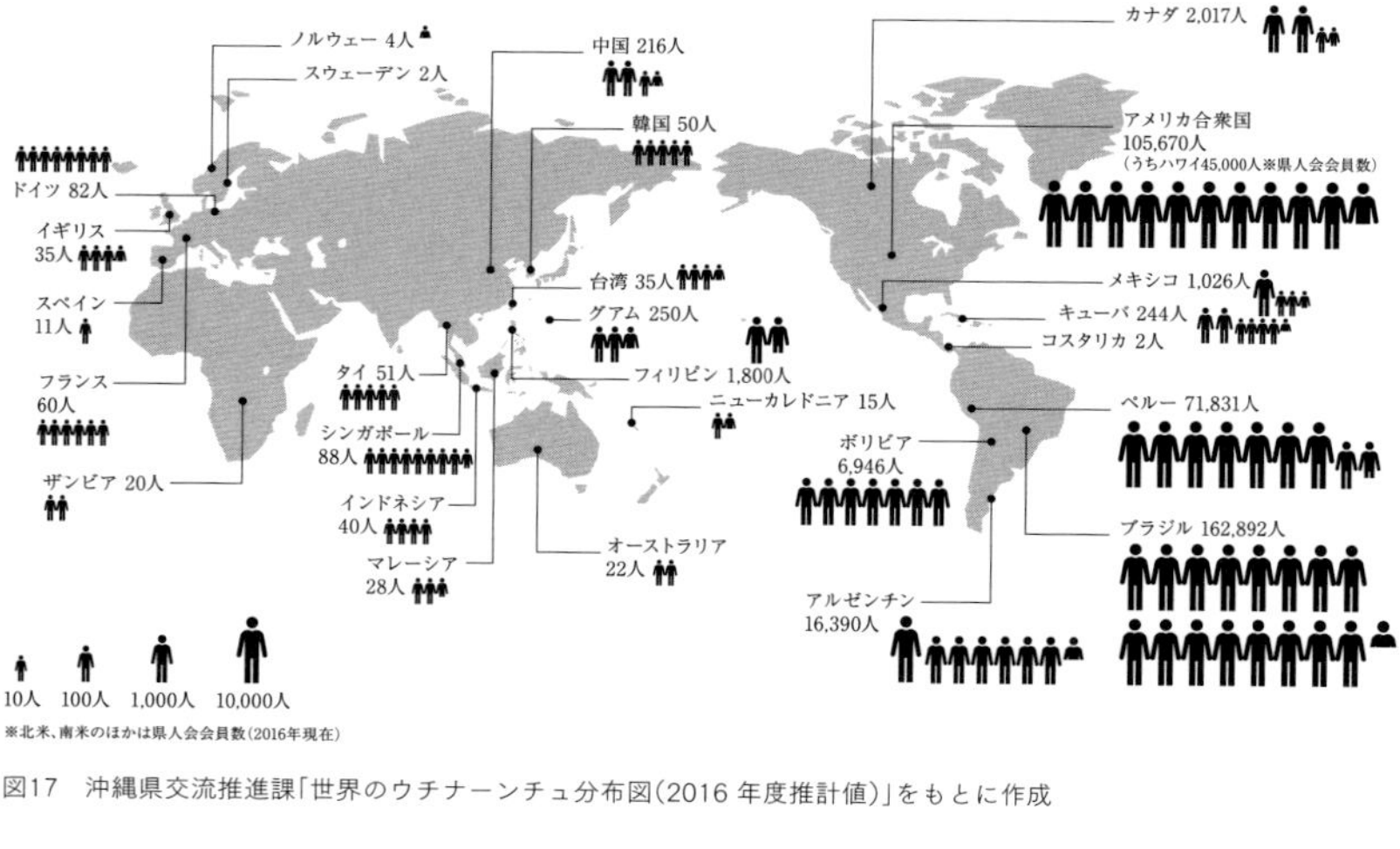

図17　沖縄県交流推進課「世界のウチナーンチュ分布図(2016 年度推計値)」をもとに作成

を次の項目で見てみたいと思います。

①祖先も習慣も言語も沖縄であるブラジル人は「沖縄系」か？
②沖縄語は話せないが、祖先も習慣も沖縄であるブラジル人は「沖縄系」か？
③祖先も言語も沖縄だが、習慣はブラジル式のブラジル人は「沖縄系」か？
④祖先は沖縄ではないが、習慣も言葉も沖縄のブラジル人は「沖縄系」か？
⑤祖先は沖縄だが、習慣も言葉も沖縄ではないブラジル人は「沖縄系」か？
⑥祖先も言葉も沖縄ではないが、習慣は沖縄式のブラジル人は「沖縄系」か？
⑦祖先も習慣も沖縄ではないが、沖縄語を話すブラジル人は「沖縄系」か？
⑧祖先も習慣も沖縄と違うが、沖縄ファンのブラジル人は「沖縄系」か？

例えば祖先が沖縄出身で、風俗・習慣、例えば沖縄そばが好きだとか、それからヒージャの汁が好きだとか、言葉も〈ウチナーグチ〉でしゃべっているとかですが、その人たちは国籍はブラジル人なんだが、「沖縄系」なのかどうかという問題です。

皆さんも想像がつくと思いますが、①は「沖縄系」ですが、それが⑧まで行くと、だんだん認識が下がってくるわけです。沖縄語は話せないが、祖先も習慣も沖縄であるブラジル人は「沖縄系」なのか？　どうでしょうか？　つまり一番、話せるのはポルトガル語です。しかし、祖先や沖縄の習慣を習っている人たちは沖縄系なのかどうか？　その次、祖先も言語も沖縄だが、習慣はブラジルになっている人は「沖縄系」なのか？　祖先は沖縄ではなく……？　そうやってみると、アイデンティティのグラデーションがあるということで、表をつくってみたわけです（図18）。

どうでしょうか？　実際、現地の人びとに聞くとさまざまで、実は海外の「沖縄」というのは「沖縄」か否かで線が引けるのかという問題が実はあるわけです。例えば、③祖先が沖縄で沖縄方言もわかるが、風俗、習慣はわからない、しかし沖縄には親しみがある。その辺は沖縄系らしいかもしれない。次は出自は違うが、実際はイタリア系なんだけれども、風俗・習慣として沖縄そばを食べていて、沖縄方言を習ったから話せるというイタリア系の人がいました。その人が「沖縄系＝ウチナーンチュ」なのか？　これは、多分も皆さんもバツだと言うと思うのです。では⑤番目、出自は沖縄系だけれども風俗・習慣、沖縄のことは知りません、沖縄語は話せないという人もいます。私の会った大部分の人はこのタイプでした。祖先の出身は沖縄だけれども、もはや自分は日本語も〈ウチナーグチ〉も話せないという人が多数でした。⑥番から⑧番は、ここまでくると線引きは各自違います。「沖縄系」の線引きはあいまいである。個々人をみるとそういうことになります。ですからあいまいな「沖縄系」の人びとなのに、沖縄系のコミュニティがあって沖縄の祭りがあるということは、どういうことなのか？　ということになってきます。

さて次の図19を見ると、ここが沖縄と違うところです。ブラジルがいかに進んだ国かということがわかりますが、人類学の記号によって家系図が出てきています。

私も人類学を日本で教育したけれど、家系図を人類学的につくることを沖縄でも教えてきたんですが、ここまではできませんでしたね。ところがブラジルでは、すでに人類学がこれだけ浸透しているんですね。笠戸丸移民の宮城伊八さんとカメさんが結婚してできた子孫が書かれていますが、これは一体、父系出自でしょうか母系出自でしょうか？　という問題です。これは「ウチナーンチュ」とは何かという問題に関わる根本的な問題です。例えば三角形だけではなく、〇、すなわち女性のカメさんたちの次の世代、一番向こうの〇（女性）の人を見てみると、結婚

どんな条件なら「沖縄系」(ウチナーンチュ)なのか?

類型	1	2	3	4	5	6	7	8
祖先＝出自	＋	＋	＋	－	＋	－	－	－
習慣＝文化	＋	＋	－	＋	－	＋	－	－
沖縄語＝方言	＋	－	＋	＋	－	－	＋	－

＋＝沖縄　　－＝非沖縄

図18　どんな条件なら「沖縄系」なのか？

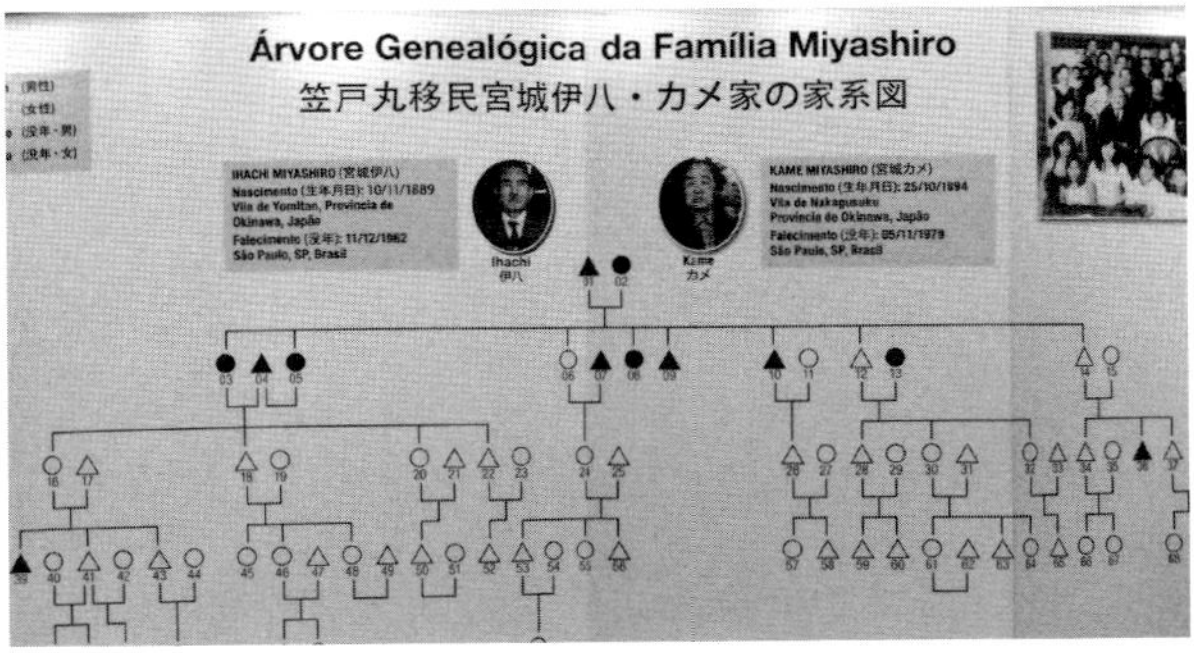

図19　祖先＝出自が沖縄なら「ウチナーンチュ」か？（出典：2014ブラジル沖縄県人会編『写真で見る沖縄県人移民の歴史』）

してその下の代に女性が入っているんですね。女性から生まれた女性もまた、この系図ではウチナーンチュです。さらに女性をたどってみると、その子孫もウチナーンチュです。その下には、女性がいないから男性しかいませんが、というように母系でもあり、△（男性）をたどってみれば父系でもある。母系でもあり父系でもある一族をなんと言いますでしょうか？　人類学でいうと、最近人類学では親族研究をしなくなっているから寂しいんですが、これをCognatic-stockと言います。いわゆる双系であることは確かなのですが、Cognaticというのは祖先を中心とした双系性、すべての子孫を含むものです。すなわち沖縄で考えている門中は父系ですが、ブラジルで考えているウチナーンチュというのは父系ではないんですね。Cognatic-stock すなわち双系性なんですね。ここが重要なところで、「ウチナーンチュ」の数が父系制よりも増えていくのがわかります。僕がインタビューした5世とかですね、先ほどの祖先が沖縄出身だけれども、沖縄の習慣も知らない子孫がどんどん増えていっているんです。逆に個々人、ここに全部系図に名前が載っているからといって尋ねてみると、「沖縄系」という意識がなかったりするわけです。風俗・習慣という問題から考えると「沖縄系」とは何かが、少し違ってくるわけです。

さてここで、先ほどと同じ図7を出します。

ブラジルと言えば、むしろ多文化主義を進めてきた国ですよねえ。今、ヨーロッパでも問題になっていることがあります。また、国の方針として多文化主義を進めたオーストラリアでもカナダもそうでしたが、結局、その政策は失敗しているわけです。最近の文化人類学会の雑誌に載ったものを見ると、多文化主義政策というのは、多文化主義に合うような少数のグループには有効だけれども、それ以外の政策に合わない少数民族は、政策から外されるとされています。ですから多文化主義が素晴らしいものでもなんでもないわけですが、こういう政策を掲げながら国家統合と多文化主義とのバランスをどう取るかとい

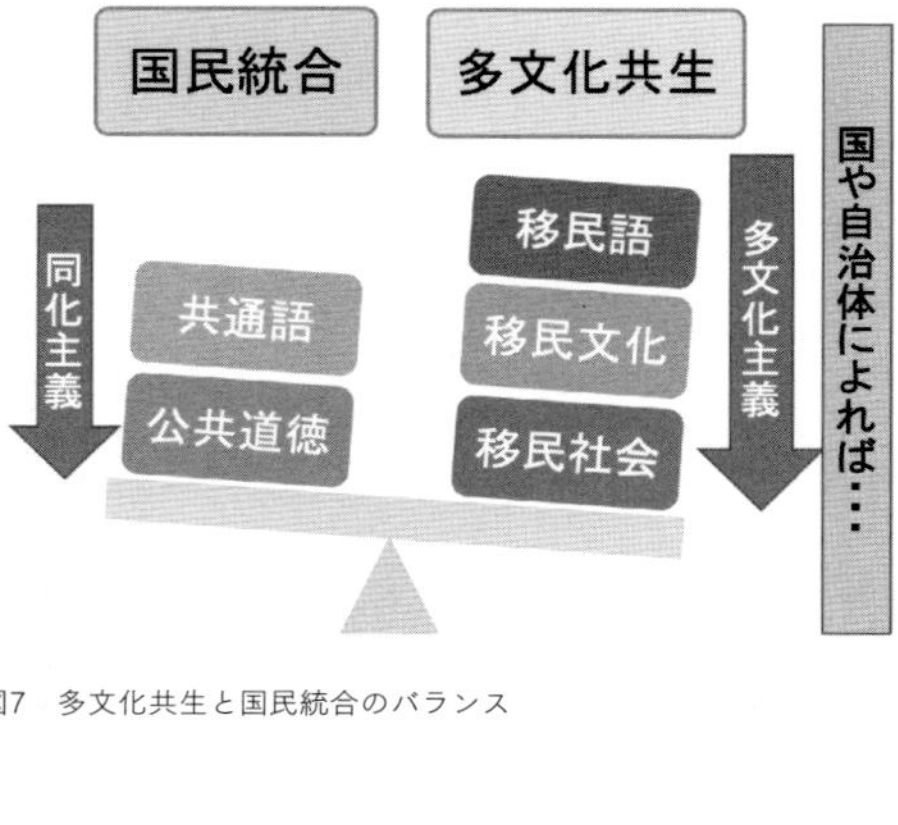

図7　多文化共生と国民統合のバランス

うことは、どの国でも変わらない。ブラジルもこの多文化政策を実施してきたはずです。

D．チャンプルー文化沖縄――沖縄文化の創造性

沖縄を中心とした移民の歴史、それはホストとゲストの沖縄史の双方ですが、まずは中国からの沖縄への移民の歴史から始まって、中国移民が14世紀の頃から来ていた。そして、昭和の時代から平成にかけてもまた、絶え間なく中国からいろんな人が来ていたわけです。そういう人たちの影響をホストとして受けながら、逆に沖縄自体が、日本の中で一番多く移民を輩出して来たという歴史がありました。そしてさらに沖縄系移民の子孫たちが帰還者として沖縄に帰ってくる、海外からさまざまな移住者がやって来るという時代になっています。まさにそれが沖縄県の現政権の政策でもあるというふうに、繰り返して行われている。これを再帰的と言ってもいいでしょうが、言ってみれば図20で見るように、文化をぐるぐるかき回すような時代になって来ている。『チャンプルー文化創造論』（比嘉佑典著、ゆい出版、２００３）という本が確か出ていましたけれども、チャンプルー、チャンポンという文化はいまの沖縄文化が典型的で、移民も出し、帰ってくる人もいる沖縄が、日本の中でもチャンプルー文化の代表になってくるわけです。図式化すると図21のようになります。

この図21は、中国の社会人類学者である費孝通の『中華民族多元一体論』に描かれた理論を応用してつくってみたものです。いわゆる沖縄文化というのはそもそも一つ一つ見てみると、多元文化に分かれるような諸輸入文化から成り立っている文化であるわけです。つまり沖縄文化は対ヤマト文化に対して単一で独自性を持っているとされる一方で、その内容は歴史上多元的に出自の異なる諸文化により形成されてきたわけです。

この状態が「仮構としての沖縄文化」なのだと、私は言いたいわけです。独自性を持ったまとまりのある単一の

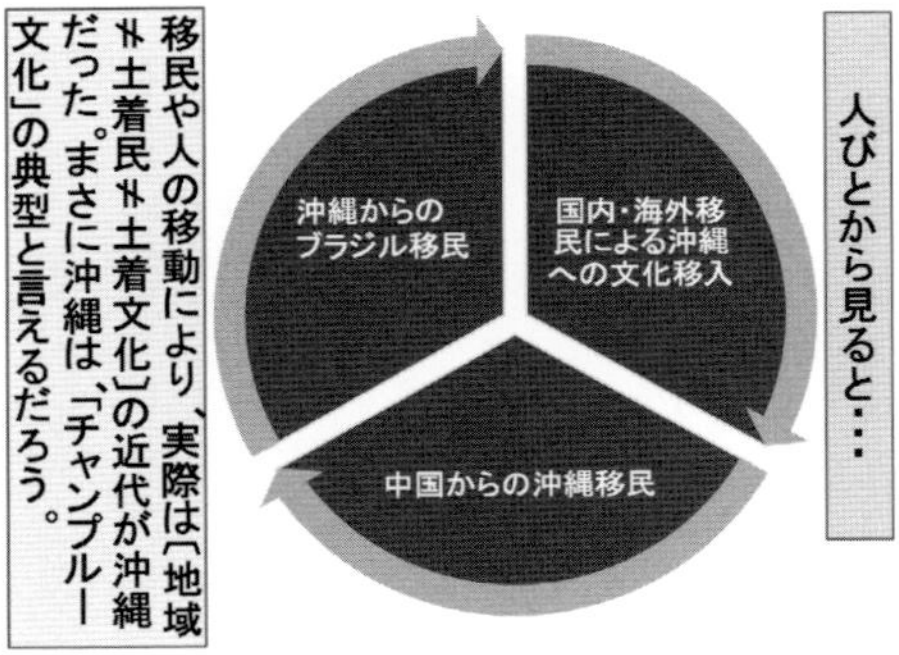

図20

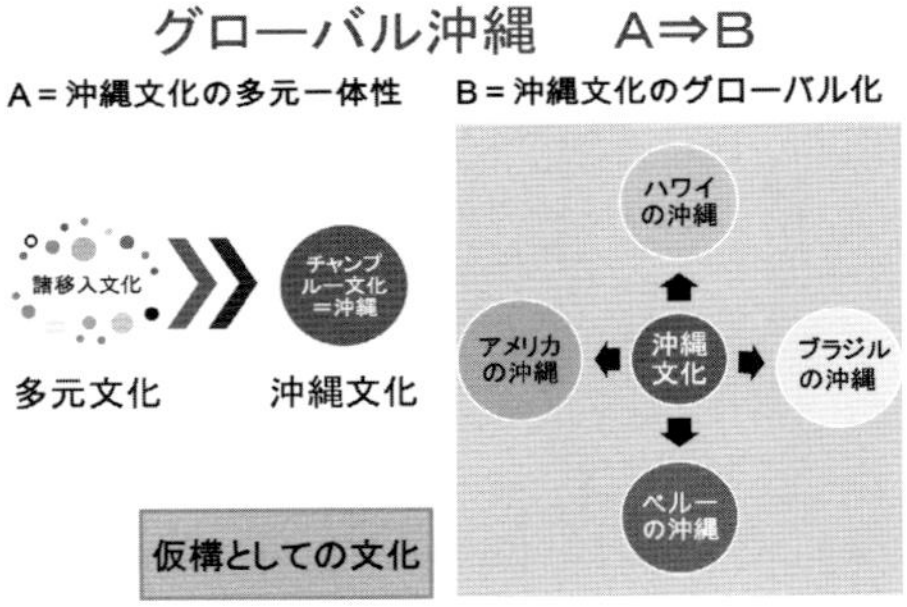

図21

「沖縄文化」は、実際のところ中国や台湾、アメリカやブラジルからもたらされた諸文化を、チャンプルー（混合）して形成されてきた。だから「沖縄文化」は諸文化の多元的な由来を持ちながら、今は「沖縄文化」として一体の存在に見えています。すなわち「沖縄文化」がグローバル化する世界の中で、他と対比して独自のローカル性を持つという期待やイメージが、今日ますます強くなり共有されたイメージや遺産にもなっています。その独自性を確保し構築するためには、単に沖縄の伝統だけでは独自性が出せません。そこに伝統を創造することや、多文化から文化要素を輸入して創造した伝統のもとに、独自性のある文化をつくらなければならない。「仮構」とは、沖縄文化の創造の動機となるイメージや、企画と独自性のある文化の創造過程を言うのです。そうやってできた文化が、さらに海外に輸出されているわけですね（図21の右）。沖縄文化というものがブラジル文化に根付いたり、ハワイに行ったり、ペルーに行ったり、またアメリカも多いしハワイにも多い。こうやって、輸出されている文化自体がチャンプルーなんで、例えばブラジルに行けばもっと沖縄文化は、チャンプルーになってくるわけですね。そういう時代になって、さらにブラジルから沖縄へ文化がもたらされている。私も、沖縄でいろんなライブに参加しましたけれども、ラテン音楽が沖縄にあるんですね。それは明らかにブラジルその他、南米の人たちが沖縄に帰って来て、いろいろと持ち込んできた文化なんです。沖縄の三線を用いてラテン音楽を演奏するから面白いんです。まったくチャンプルーだらけです。

というような活動が、今の沖縄では見られます。こうした国際的に混合した文化を持つ今の沖縄を、「グローバル沖縄」と私は呼ぶわけです。元沖縄県知事だった故大田昌秀さんの遺した言葉があります。「共生」！　沖縄文化こそは「多文化共生」の成果である。その一言に尽きます。

ここでほぼ一時間なんですが、具体例がないので少し時間を延長して、具体例を若干、紹介します。

今ブラジルでも沖縄でも行われているエイサーを、チャンプルー文化の代表例として挙げたいと思います。エイサーは世界各地でやっていますから、これがいかに〈ごちゃ混ぜ文化〉であるかということを紹介します。

沖縄の盆踊りのことを、今「エイサー」と書いていますが、袋中上人が17世紀初頭に、大和（日本）から念仏踊り、沖縄では〈ニンブチャー〉と言ってますが、彼は三年間沖縄に滞在して、その念仏踊りを沖縄にもたらしました。各家を回って念仏を唱えて回ったというのが、沖縄のお盆行事のエイサーの前身、すなわちニンブチャー（念仏踊り）であったと言われています。私も、エイサーについて論文にしていて、東村の事例ですが（写真13）、写真左は祠の前でお経を唱えているところです。いわゆるエイサーとは違う、おじさんが太鼓を叩きながら、神様の前で

写真13　歴史上のエイサー
袋中上人が17 世紀初頭、大和から念仏踊り（ニンブチャー）を沖縄にもたらしたとされる。

ニンブチャー（東村川田）七月盆

ニンブチャーから手踊り形式の盆踊りに変化する。（東村川田）七月盆

写真14　普及するエイサー
1956 年、沖縄市で開催のエイサー大会で、エイサーがイベント化していく。

太鼓踊りエイサーが1980 年代に普及（東村平良）七月盆

しかし太鼓踊りなら中国に古くから存在する（福建省南平の大平鼓）

念仏を唱えるニンブチャーなんです。昔あったのは、各家を回り念仏を唱えていたのがニンブチャーです。各家を回っていた当時、ニンブチャーが終わると、お礼としてお酒をもらったということも聞き取りをしています。ところが20世紀ですが、同じムラで手踊りエイサーというのが行われるようになりました。つまり念仏踊り自身は、大和（ヤマトゥ）のもたらした大和文化なんですが、既に袋中上人が念仏踊りをもたらした時点で、ニンブチャーは当時の日本の念仏踊りとは違っているので、沖縄では踊ってはいませんから、踊ってるのではなく歌っているわけですね。だからここで、沖縄化、沖縄が念仏踊りをニンブチャーへアレンジをしたわけです。それからさらに、どうして手踊りになったかよくわからないですが、手踊りする芸能をエイサーと称するようになりました。エイサーと言い始めた時期があって、写真13の右を見てください。太鼓はあるけれども、ほとんど手踊り中心の踊りです。だから私は手踊りエイサーといっています。こういう家ごとに踊りがあったというのが、ニンブチャーから手踊りエイサーへの変化ですね。沖縄でどのように変化したか。多分に日本の盆踊りの影響があると思いますが、ここは沖縄の独自の変化と考えておきましょう。

さてここからが問題で、写真14の左側の写真を見てもらうと、今、圧倒的に多いのは写真に見るような太鼓踊りエイサーですよね。これは東村で見たわけで、実は僕は東村に50年間通いましたから、いつ頃ニブンチャーが行われて、いつ頃エイサーが入ってきたか私自身、よく知っているわけです。

こうしてエイサーは太鼓踊りに変わっちゃうわけですが、さてこの太鼓踊りもまた全然昔と違ったやり方なわけです。この同じ時代にですね、このような太鼓踊りというのは、中国に古くからあるんです。写真14の右を見て下さい。中国にも、太鼓踊りがあるじゃないですか。でも中国に同じ踊りがあるからといって、中国から輸入されたか影響があったのかは私もわかりませんが、太鼓踊りエイサーは決して沖縄独自のものではありません。だから手踊りエイサーから太鼓踊りに変わったのは、沖縄の自律的変化なのか、それとも〈クニンダンチュ〉がもともと持ってきていて、その踊りの形式、太鼓踊りが戦後に手踊りに代わって沖縄で流行ったのか、まだ私にはわかりません。

さて盆に行われていたエイサーも、今ではもはや「民族の祭典」になってしまっていて、お盆の行事ではありません。「民族の祭典」ですから、沖縄という民族なのかなんなのかわかりませんが、「民族の祭典」というイベントが那覇で行われて、そのときに参加した大会が写真15です。この中国風に着飾る服装もまた、もはや昔の手踊りの形式の時代とはまったく違っていて、観客に見せるためのイベント型の動作と衣装になっているわけです。写真16左は町田市でも毎年9月にやっているイベントです。サンパウロでも先ほど見せましたが、このようなエイサーをやっているわけです（写真16右および写真17）。これらはエイサーと呼ぶべきな

写真15　イベントとしてのエイサー
盆行事とは無縁に沖縄の表象として沖縄各地に普及したエイサーの祭典

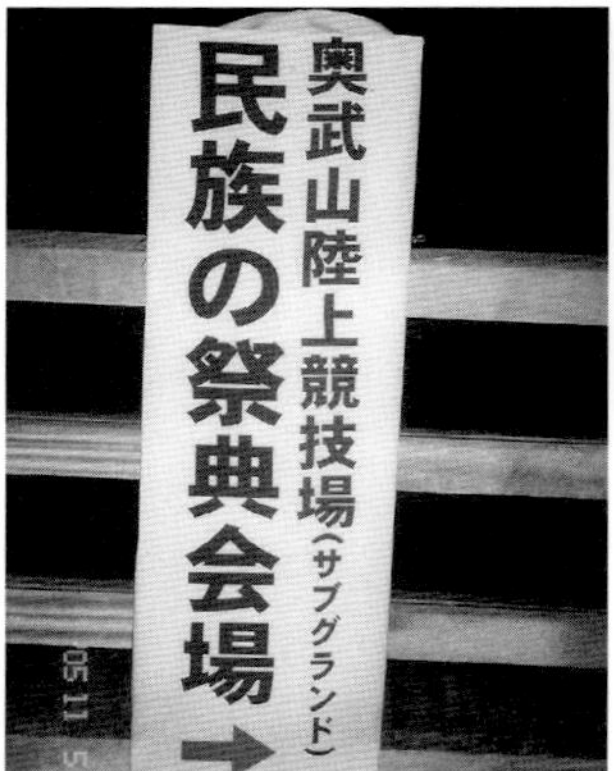

（沖縄）民族の祭典として行われているイベントエイサー大会

（沖縄）民族の祭典＝エイサー大会

のか、「琉球祭り太鼓」と呼ぶべきなのか私にはわかりません。

　最後に結論ですが、エイサーといえば沖縄文化の独自性として語られています。それを私は肯定的に捉えております。しかし今お話ししましたように、それは仮構としてつくられた単一の沖縄文化の独自性です。みなイメージとしてそれは存在します。しかし歴史的にも現在形としての世界にも、複数文化の起源からエイサーは成り立ってきたのです。だから沖縄のエイサーは諸文化からなる（多元）ものを沖縄化（一体化）したものなのです。そう結論づけて、私の報告を終えたいと思います。ご清聴ありがとうございました。

写真16　各地に普及したエイサー
もはや「沖縄」表象の代表的なイベントと化したグローバルエイサー

毎年9月に町田市で開催されているエイサー祭り

ブラジル・サンパウロ市の沖縄地区で行われているエイサー祭り

写真17　サンパウロ郊外ビラ・カホン地区のエイサー

〈注釈〉

（注1）小熊誠（1989）「石垣島における台湾関係移民の定着過程と民族的帰属意識の変化」『琉中歴史関係論文集』第2回国際学術会議報告を参照。

（注2）移民研究の復元にあたって、小熊誠（1989）「石垣島における台湾系移民の定着過程と民族的帰属意識の変化」『琉中歴史関係論文集』第2回国際学術会議報告、呉俐君（2013）「戦後沖縄 本島における台湾系華僑」『人の移動、融合、変容の人類史』彩流社を参照した。

（注3）石川友紀（2005）「沖縄県における出移民の歴史及び出移民要因論」『移民研究』より作成。

〈参考文献〉

石川友紀（2005）「沖縄における出移民の歴史及び出移民要因論」『移民研究』1,pp.11-30

石川友紀（2007）「ルーツとしての沖縄――南米移民を中心に――」、安藤由美・鈴木規之・野入直美編『沖縄社会と日系人・外国人・アメラジアン――新たな出会いとつながりをめざして――』pp.89-98, クバプロ

沖縄県編（2015）『沖縄県多文化共生推進調査事業報告書』

沖縄県交流推進課（2010）「世界のウチナーンチュ分布図」http://www.pref.okinawa.jp/site/kikaku/chosei/kikaku/documents/zissikeikaku341-456.pdf

小熊 誠（1989）「石垣島における台湾系移民の定着過程民族的帰属意識の変化」『第二回国際会議学術報告　琉中歴史関係論文集』琉中歴史関係国際学術会議実行委員会編　pp.549-602, 南西印刷

海外移住資料館編（2011）『海外移住資料館だより』24号（海外移住探検隊 vol.9）http://www.jomm.jp/newsletter/tayori26_02.html

小長井敏昌（2002）『民族という虚構』東京大学出版会

呉俐君（2013）「戦後沖縄本島における台湾系華僑」、我部政明・石原昌英・山里勝已編『人の移動、融合、変容の人類史――沖縄の経験と21世紀への提言――』pp.353-376, 彩流社

比嘉佑典（2003）『チャンプルー文化創造論』ゆい出版

費孝通編著（西澤治彦・塚田誠之・曽士才・菊池秀明・吉開将人訳）（2008）『中華民族の多元一体構造』風響社

ブラジル沖縄県人会編（2014）『写真で見る沖縄県人移民の歴史』同県人会

八尾祥平（2016）「地球と地域の境界に埋もれた歴史を思い起こす――琉球華僑・華人を中心に――」、小熊誠編『〈境界〉を超える沖縄――人・文化・民俗――』pp.117-151, 森話社

渡邊欣雄（1988）『沖縄の祭礼——東村民俗誌——』第一書房
渡邊欣雄（1993）『世界のなかの沖縄文化』沖縄タイムス社
渡邊欣雄編（2003）『沖縄文化の創造』（アジア遊学53号）勉誠出版
渡邊欣雄（2013）「在華日本人研究」『國學院雑誌』114(3),pp.44-45
渡邊欣雄（2015）「海外の多文化状況から日本を考える——カメルーン・中国・ブラジル・沖縄の調査体験から——」『多文化社会研究』1,pp.15-40, 長崎大学多文化社会学部
渡邊欣雄（2016）「ブラジル日系人研究」『國學院雑誌』117(9),pp.38-39
渡邊欣雄（2017）「国際的な移民と異種混淆文化の研究——在琉中国人と沖縄系ブラジル人を例として——」『國學院雑誌』118(3),pp.49-58

特別記念講演・第2講演

私の見てきた奄美・沖縄——そして、そこで学んできたこと

クライナー・ヨーゼフ

クライナー・ヨーゼフ
ドイツ・ボン大学名誉教授

オーストリア・ヴィーン出身。1961年、ヴィーン大学在学中に、東京大学東洋文化研究所へ留学、1962年より加計呂麻島調査を開始する。1964年にヴィーン大学にて哲学博士号（文学）取得後、ヴィーン大学、ドイツ・ボン大学教授を歴任。ボン大学では日本文化研究所所長および近現代日本研究センター長も務めた。ヨーロッパの民族学者として長年、沖縄・奄美、波照間島ほか南西諸島研究に携わりながら、世界から見た日本研究に従事してきた。

主な著作：『世界の沖縄学—沖縄研究50年の歩み』（芙蓉書房出版）、『南西諸島の神観念』（住谷一彦共著・未来社）、編著『日本民族学の現在—1980年代から90年代へ』（新曜社）、『地域性からみた日本』（新曜社）、『近代〈日本意識〉の成立—民俗学・民族学の貢献』（東京堂出版）ほか多数。2016年、50年以上前の加計呂麻島の集落・伝統行事を記録したフィルムを起こした写真集『加計呂麻島』（南方新社）を出版。

専門領域は日本文化研究。

私の見てきた奄美・沖縄——そして、そこで学んできたこと

クライナー・ヨーゼフ　*Kreiner Josef*
ドイツ・ボン大学名誉教授

ただいまご紹介にあずかりましたクライナーでございます。本日は明治大学島嶼文化研究所の設立記念シンポジウムにお招きいただきましたことを光栄に存じております。所長の山内健治先生をはじめとする関係者のみなさまに心より御礼申し上げます。同時に、この新しい研究所がますます順調な歩みを進めていかれますよう祈っております。ささやかではございますが、私もその一端をお手伝いできれば大変幸せに存じます。

さて、山内先生からいただきましたテーマは「私の見てきた奄美・沖縄」ですが、私はそこに副題として、「そして、そこで学んできたこと」を付け加えたいと思います。渡邊欣雄先生のご発表をはじめとして、午前中にも大変内容の濃い研究発表がございましたが、私は少し形を変えて物語形式でお話しして、ヨーロッパ大陸のど真ん中にあるヴィーンという街で生まれ育った私が、なぜ沖縄研究、南西諸島研究に入ったのか、その理由をみなさまにお話しさせていただけたらと思っております。

沖縄研究への道

私の南西諸島研究に入る道は、１９２０（大正９）年12月31日に始まったと言っても過言ではありません。その大晦日の早朝、柳田國男先生は大隅半島の最南端の佐多岬に立って、冬の澄んだ空気の大海原の向こうの三島村――硫黄島・竹島・黒島――の山々、またその彼方に見える屋久島、その南につながるトカラの火山列島を目の前に見て、日本人のご先祖様は稲作文化を持ってこの黒潮に乗って、南から、島々を渡り北上してきたのではないかと考え、自らの日本民族文化の起源説を打ち出しました。のちに私が実際にそこに立ったのは正月ではなく、１９６３（昭和38）年春３月の半ば頃でしたが、非常にいいお天気で、島々の影を綺麗に見ることができました（写真１）。柳田先生はご自分で受けた印象を『海南小記』で次のように記しております。

実際此岬まで来ると、南の島の一列の飛石であつたことがよく分る。黒島でも竹島でも硫黄島でも、佐多の岬の端に立つて見ると、顧みて薩州の山を望むよりは猶親しい。島々に行けば次の島が又さうであらう。沖へ出てみたら尚一層、移る心が自然に起ることであらう。

（柳田國男『海南小記』「佐多へ行く路」43頁 大岡山書店、１９２５）

柳田先生の説は「飛び石説」という名前でしばしば呼ばれます。日本人は弥生時代の初め、水田稲作文化という日本文化の中心となる要素を持って、中国南部からまず先島諸島に移り、そして黒潮に乗って南から北上してきたという説です。それを柳田先生は、九州からの帰京後、朝日新聞に連載し、のちに一冊の本としてまとめて『海南小記』と題して1925（大正14）年に出版しました。その内容は民俗学的な学術論文よりも主観的になっており、場合によっては情緒あふれる紀行文とも言えるものです。柳田先生はスイス・ジュネーブで国際連盟委任統治委員を務めていたときに、この本の最終的な形を作り上げました（写真2、aおよびb）。序文は「ジュネヴの冬は寂

写真1　大隅半島佐多岬から黒潮を見る。1963（昭和38）年3月15日
撮影：著者（以下、特記なき写真）

右／写真2a　1925（大正14）年頃、ジェネーブ国際連盟委任統治委員時代の柳田國男（写真提供：成城大学民俗学研究所）　左／写真2b『海南小記』初版本

しかった」という非常に印象深い、文学的な文章から始まります。南の島のことを語ろうとしているにも関わらず、ヨーロッパの冬が寂しいことから書き出しており、その姿勢からは日本や沖縄から距離を置き、「外」から客観的に見ているような立場を思い起こさせます。そして、それに続いて、バジル・ホール・チェンバレン（Basil Hall Chamberlain）に言及します。チェンバレンは明治時代にお雇い外国人として、東京帝国大学で言語学の教鞭をとりながら、琉球語の文法辞典 *Essay in Aid of a Grammar and Dictionary of the Luchuan Language*, 1895 を書いた人物で、日琉二つの言語は共通の祖先を持つと述べています。そのチェンバレンが１９１１（明治44）年に東京帝国大学を引退後、１９３５（昭和10）年に没するまでジュネーブに居を定め、柳田がジュネーブに赴任しているときにも、72歳の彼がまさしく近所で暮らしていました。しかし、柳田先生は遠慮して、ついに会いに行くには至りませんでした。そのような非常に慎み深いくだりが『海南小記』の序章には記されています。また、バジル・ホール・チェンバレンの祖父でイギリス海軍将校であったバジル・ホール（Basil Hall）というイギリス人船長が１８１６（文化13）年に那覇港に寄り、「沖縄は武器を持たない平和な社会である」とナポレオンに話したことは有名です。『海南小記』はそのような連想も喚起させます。

昭和の初め、柳田先生は日本に戻って談話会——のちに木曜会と呼ばれるようになりますが——を開きます。当時、東京には三人の偉大な研究者を中心とする研究会の動きがありました。その一つは、柳田先生を中心とする談話会で、雑誌『民族』という非常に内容の濃い機関誌を発行していました。そこには、岡正雄という若い研究者が、書生として柳田先生の自宅に住み込み、この雑誌の編集を担当しました。そして、岡先生を中心とする若い研究者たちはＡＰＥ会——Anthropology（人類学）、Prehistory（先史考古学）、Ethnology（民族学）の頭文字を取るとともに、若い研究者がまだ大先生になる前の発展段階であるという遊びの意味もあったのでしょう——を設立しています。もう一つは澁澤敬三先生を中心とするアチック・ミューゼアム。何人かの研究者はこの三つの研究会に所属して、その間を行ったり来たりしていました（図1）。岡先生が柳田先生の談話会で大きな影響を受けたのは折口信夫です。折口先生は柳田先生のあと、１９２１（大正10）年沖縄・八重山に行かれて、来訪神――折口先生は「まれびと」と言っておりますが――、仮面仮装した若者が時の節目に村々に現れて人間の世界に富を持ってくるという神々を表す神事・行事について論文（折口信夫「常世及び「まれびと」」『民族』第4巻2号、１９２９）にまとめました。岡先生はその論文にとても興奮して、「異人その他」という初めての学術論文を書きました。そこで、これは単なる信仰体系、世界観や宗教的な考え方の一つではなく、社会構造にも深く関係しているものであり、非定住民、河原者あるいは無言貿易などに現れ

写真３　1960（昭和35）年頃、ヴィーンでの岡正雄とA．スラヴィク両先生（出典：『民族学ノート：岡正雄教授還暦記念論文集』平凡社、1963年）

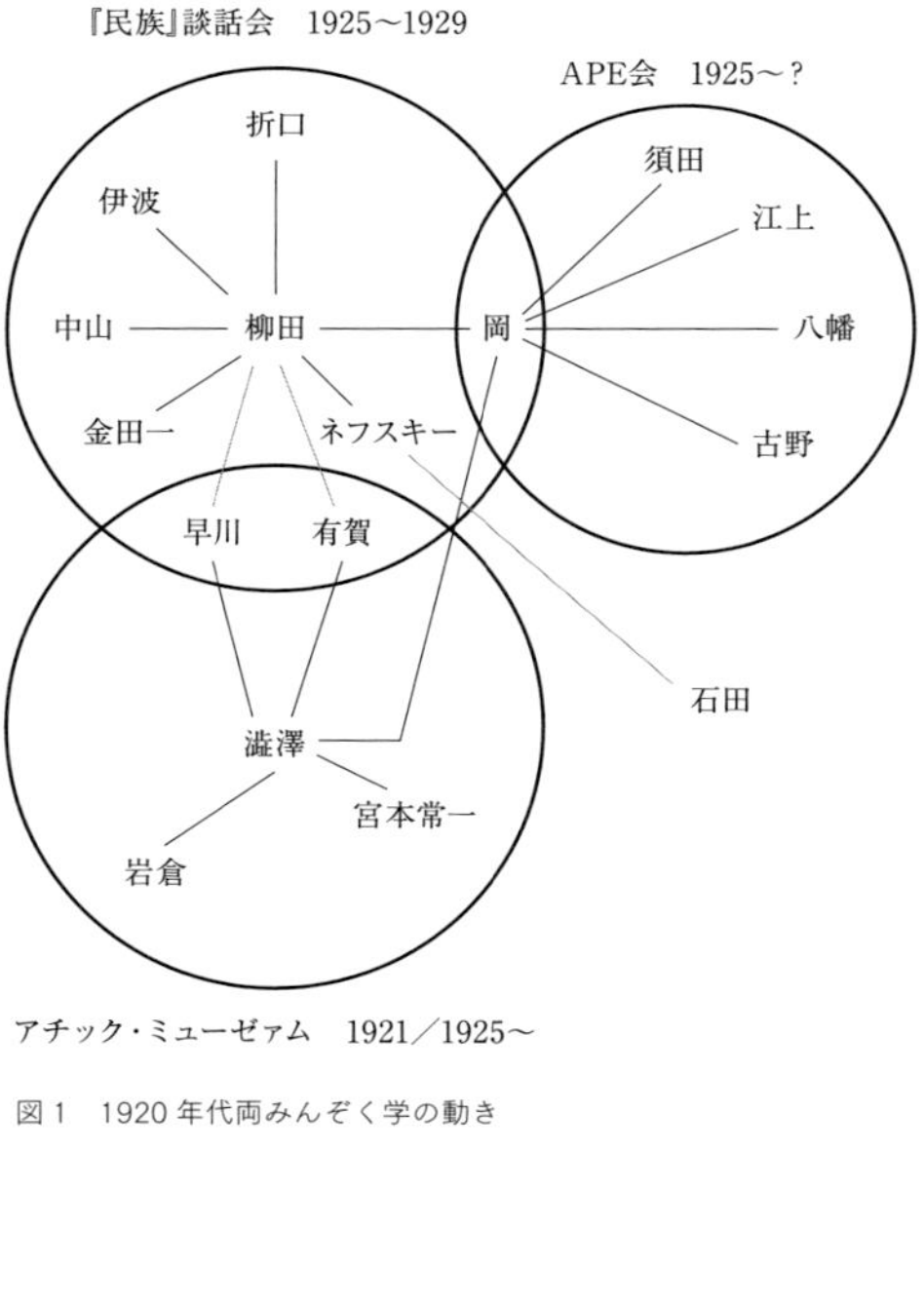

図1　1920年代両みんぞく学の動き

てくるものではないかとした上で、南洋メラネシアには同じような風俗習慣があることにまで言及し、雑誌『民族』第3巻6号（1928年）に発表したのです。

柳田先生が折口先生の論文に待ったをかけたにも関わらず、岡先生は『民族』に折口先生の論文を掲載したことで柳田先生の逆鱗に触れ、その結果、談話会は解散となります。その後、岡先生は澁澤敬三の奨学金を受けて、1929（昭和4）年からヴィーン大学に留学しました。ヴィーンではアレクサンダー・スラヴィク（Alexander Slawik）と出会いますが、この人物がのちに、岡先生の同僚であり、弟子でもある一番の友人となるのです（写真3）。このお二人は私の大切な恩師でもありまして、自分は非常に素晴らしい先生に恵まれており幸せであったと思っております。スラヴィク先生は折口先生、岡先生の考えた来訪神・異人・まれびとの概念をもっと普遍化してとらえ、ヨーロッパのアルプスの山の中の仮面仮装行事にも顕れているのではないかと考えました（*Kultische Geheimbünde der Japaner und Germanen*, 1936 = 「日本とゲルマンの祭祀秘密結社――ひとつの比較研究」、*Zum Problem des "Sakralen Besuchers" in Japan*, 1959 = 「『まれびと』考――日本における『神聖なる来訪者』の問題について」、共に住谷一彦・クライナー・ヨーゼフ訳『日本文化の古層』、未来社、1984年）。

例えば、毎年12月6日にアルプス地方の町や村で行われるクランプスの祭りには赤と青の面をかぶった鬼が現れます（写真4）。山の中だけではなくヴィーンの街にもサンタクロースと一緒に現れて、家々を周り、子どもたちにお菓子をくれたりしますが、悪い子は叱られます。また、スイス国鉄では、最近、チラシに仮面仮装行事の鬼の写真を使用していて、この行事が行われているアルプスの町まで往復チケットを購入すれば運賃が5割引になりますよ、というキャンペーンを行っています（写真5）。このような仮面仮装行事はヨーロッパの至るところで見られます。ですので、石垣島川平のマユンガナシやトカラ悪石島のボゼ（写真6）のような行事は、私にとっては理解しやすいものでありまして、これらを研究対象とすれば何かまとめることができると思っておりました。スラヴィク先生、岡先生にそれらを教えられ、またそのお二人を通じて柳田先生、折口先生の学説を１９５８（昭和33）年の秋、ヴィーン大学1年生の時に学び、見識を得たのです。

写真５　スイス・国鉄の宣伝チラシ

写真４　年末年始に行われるオーストリア・アルプス地方の仮面仮装行事

写真６　トカラ列島悪石島のお盆に現れるボゼの面、1963 年 9 月

ヴィーン大学の民族学研究所と日本学科は当時、王宮のスペイン馬術学校の厩の3階にありました（写真7）。現在は復元されていますが、私がおりました頃は16世紀のルネサンス様式のアーケードには、まだ、戦時中の空襲被害を避けるためのレンガが詰められたままになっておりました。この教室でスラヴィク先生は学生たちを前に、蓑笠をまとってあの世から人間の村を尋ねてくるまれびとの話――その時は秋田のなまはげを事例にしていたと思います――などを講義されていました（写真8）。また、私が入学するのと同時に、戦後初となる日本からの留学生がヴィーン大学に来ました。大林太良、住谷一彦、白鳥芳郎、安斎伸といういずれも南西諸島研究で名を残した研究者です。そういった先生方と肩を並べて勉強しました。私の生涯は先生方に恵まれただけではなく、非常に良い友人や先輩にも恵まれていたのです（写真9）。

2年生の夏休み中にスラヴィク先生から出された宿題が、その頃に岡先生が発表された「日本民族文化の起源」（児玉幸多他編『図説日本文化史大系』小学館、1956）という論文をドイツ語に翻訳するというものでした。四苦八苦しながら2ヶ月の夏休み期間に仕上げましたが、それを読んで不思議に思ったことが二つありました。一つは「どうしてこの論文の第1ページ目にニューギニアの若者宿の写真が掲載されているのか」ということです。日本民族の起源とニューギニアにどのような関係があるのかが、まったく理解できませんでした。もう一つはこの論文の最後に東アジアおよび東南アジアの言語地図（図2aおよびb）が載っており、そこには古日本に流入したいくつかの異なった文化ないし文化複合体の原初的な層（岡先生は「母権的秘密結社的栽培民文化」と名付けたが、一方、『日本民俗学大系』第2巻（1958）に載せた別の論文では「母権的秘密結社的栽培狩猟民文化」と呼んでいます）として、インドシナ半島北部からニューギニアを含むメラネシア地域への矢印がありました。そして、その流れと起源を同じくする矢印が、ちょうど沖縄の南西諸島の上を通って日本を指しているのです。この矢印がなぜ、沖縄の上を通っているのか、それが不思議でたまりませんでした。偶然にも宿題提出後の秋に岡先生ご本人がヴィーン

写真７　16 世紀半ばのヴィーン王宮殿スペイン馬術学校の厩

写真８　ヴィーン大学日本学科におけるスラヴィク先生の講義、1964（昭和 39）年９月
撮影：芳賀日出男（芳賀ライブラリー）

写真９　ヴィーン留学時代の住谷一彦とヴィーンの森で、1959（昭和 34）年夏

にいらっしゃいましたので、まだ学部2年生の身でしたが、勇気を出して先生に質問してみました（写真10）。「現地に行けば何か理解することができるでしょうか」と。ご存じの方もいらっしゃるかと思いますが、岡先生は話すことが大変好きで、またお上手でありましたが、時と場合によって非常に無口な方でしたので、細かい説明などなく「そんなに気になるなら自分で行って見て来い」というようなお返事をいただきました。それで私は初めて沖縄研究をしてみたい、沖縄と古日本とメラネシアの繋がりとは一体どのようなものなのか考えてみたいと思ったのです。その後、幸いにして文部省留学生として日本へ行けることになりました。

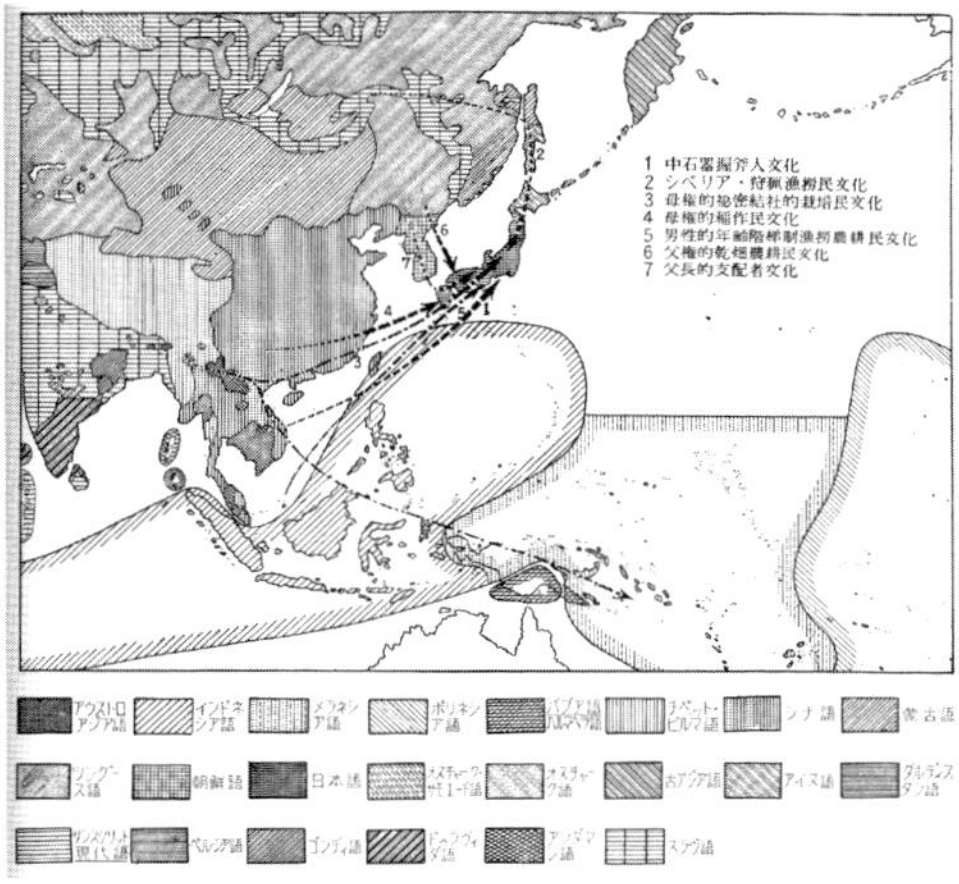

図 2a　東亜の言語分布図と民族文化の系統想像図

日本民族文化の形成

日本民族文化の重層・混合性

神話の重層・混合性

図２b　論文第１ページ
（出典：a,b とも岡正雄「日本民族文化の形成」児玉幸多他編『図説日本文化史大系』第一巻　小学館　1956 年）

奄美の現地調査

こうして、1961（昭和36）年4月に東京に着きました。私が指導教授として希望したのはもちろん岡先生で、当時は明治大学政治経済学部にいらっしゃいました。明治大学への留学が難しいようであれば、その前に岡先生が教鞭をとっていらした東京都立大学の社会人類学研究室へ行きたいと考えておりました。ところが、文部省留学生には当時、留学先は国立大学でなければならないという規定があり、残念ながら先の二校への留学は叶わず、東京大学東洋文化研究所へ入れられてしまいました。指導教授は戦前の留学時代からヴィーン大学と関係が深かった石田英一郎先生になっていただきました（写真11）。石田先生は当時、文化人類学研究所内の泉靖一先生、寺田和夫先生らと共にアンデス調査、中南米研究に力を入れていらしたのですが、私は日本の研究に来たものですから、それにはまったく興味が持てずにおりました。石田先生はそのような私の状態を理解してくださって、私に自由を与えて、いろいろなところへ行かせて下さいました（図3）。

当時、東京大学の文化人類学専攻には石田・泉・曽野寿彦・寺田、助手として大林太良、また、私が籍を置いていた東洋文化研究所には石田・江上波夫・中根千枝といった研究者が所属しており、東京都立大学には馬淵東一・古野清人と院生だった村武精一・竹村卓二らがおりました。馬淵先生は日本民族学協会とは距離を置いており、一匹狼的な存在でした。しかし、遠い国から来たよそ者の留学生にはとても優しく、まだ日本に向かう前、ヴィーンにもたくさんの資料を送っていただいて、指導をしてくださいました。時期的に住谷一彦はすでに立教大学へ移ったあとです。そして、明治大学には岡・蒲生正男・江守五夫・祖父江孝男・大胡欽一という非常に面白い先生方がいらっしゃいまして、石田先生にはそうしたところを自由に行ったり来たりすることを勧められました。このように日本における当時の民族学研究は南西諸島調査・研究が非常に盛んで、私にとっては自由な雰囲気でした。一方、民俗学の方は、すでに柳田先生が民俗学研究所を解散しており、竹田旦先生、和歌森太郎先生が所属する東京教育大学の方々と交流しました。東洋文化研究所は当時、茗荷谷にあり、そこから教育大学まで足を延ばして行ったりす

写真10　1960（昭和35）年ヴィーンで開催された国際アメリカニスト学会の懇親会でカメルーン代表と著者と討論する岡正雄

写真11　1965（昭和40）年夏、ヴィーン日本学研究所での石田英一郎とA. スラヴィク　撮影：芳賀日出男（芳賀ライブラリー）

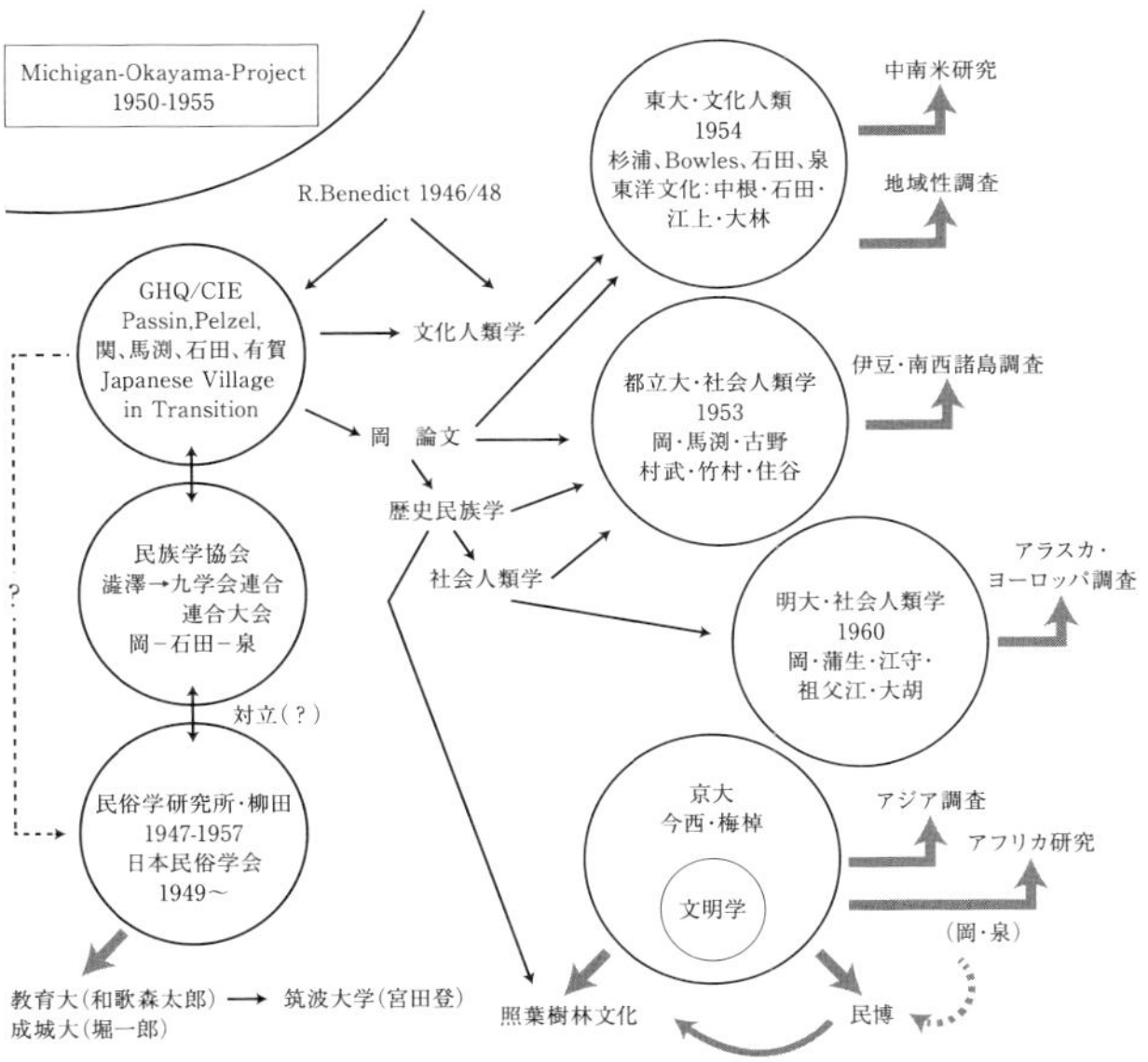

図3　1945年〜1965年における日本の民族学・文化人類学の動き

ることもできました。そのほかにも三人の非常に仲の良い友人がおりました。それは外間守善先生がご自宅で開いていたおもろ研究会で出会った若い研究者である中本正智、比嘉政夫、名嘉順一という面々です（写真12ａ、ｂ）。この友人で東京大学、本郷そばの小さな喫茶店に集まって、互いの故郷の風俗習慣について報告をし合いました。そこで私は初めて沖縄の生きている風俗を聞くことができました。特に中本正智さんは知念半島の南の奥武という小さな島の出身で、奥武の民俗行事を熱心に教えてくれまして、非常に楽しい勉強の時間を過ごしました。おそらく一番困っていらしたのは外間先生で、日本語もろくにできない私に対しておもろを説明することは大変なご苦労があったのではないかと思います。

このようなことを経て、石田先生から柳田先生をご紹介いただき、１９６１（昭和36）年の初夏、成城学園前のご自宅へ伺いました。柳田先生は外国人による日本研究に対して深い理解を持っておられ、長年そういった研究者たちを応援していらっしゃいました。その後も2～3回ほどお邪魔させていただきました。その頃、柳田先生はかなり体力が衰えていらしたのですが、最後の著作『海上の道』（１９６１）をまとめられたところで、その編集作業をされておりました。奄美大島の話になると、昨日の出来事のようにとても詳しくお話して下さいました。とにかく先生がおっしゃっていたことは、加計呂麻島に行きなさい、ということでした。そこではまだノロの祭りが生きていると。ちょうどその2～3年前に伊藤幹治先生がやはり柳田先生の勧めで加計呂麻島を訪れておられ、研究成果を「木慈部落の神祭」（『鹿児島民俗』４巻４号第20号、１９５８）と「奄美の神祭―加計呂麻島ノロ神事調査報告―」（『國學院大学日本文化研究所紀要』３輯、１９５８）という二つの論文にまとめておられました。私はこの論文をリュックサックに入れて加計呂麻島のガイドブックのように大事に使いました。

そのあとも何度か奄美に渡りました。２回目は１９６２（昭和37）年の秋、住谷先生、小川徹先生、中松弥秀先生と私の四人で行きまして、その時の成果について島尾敏雄先生の奄美郷土研究会で報告させていただきました。

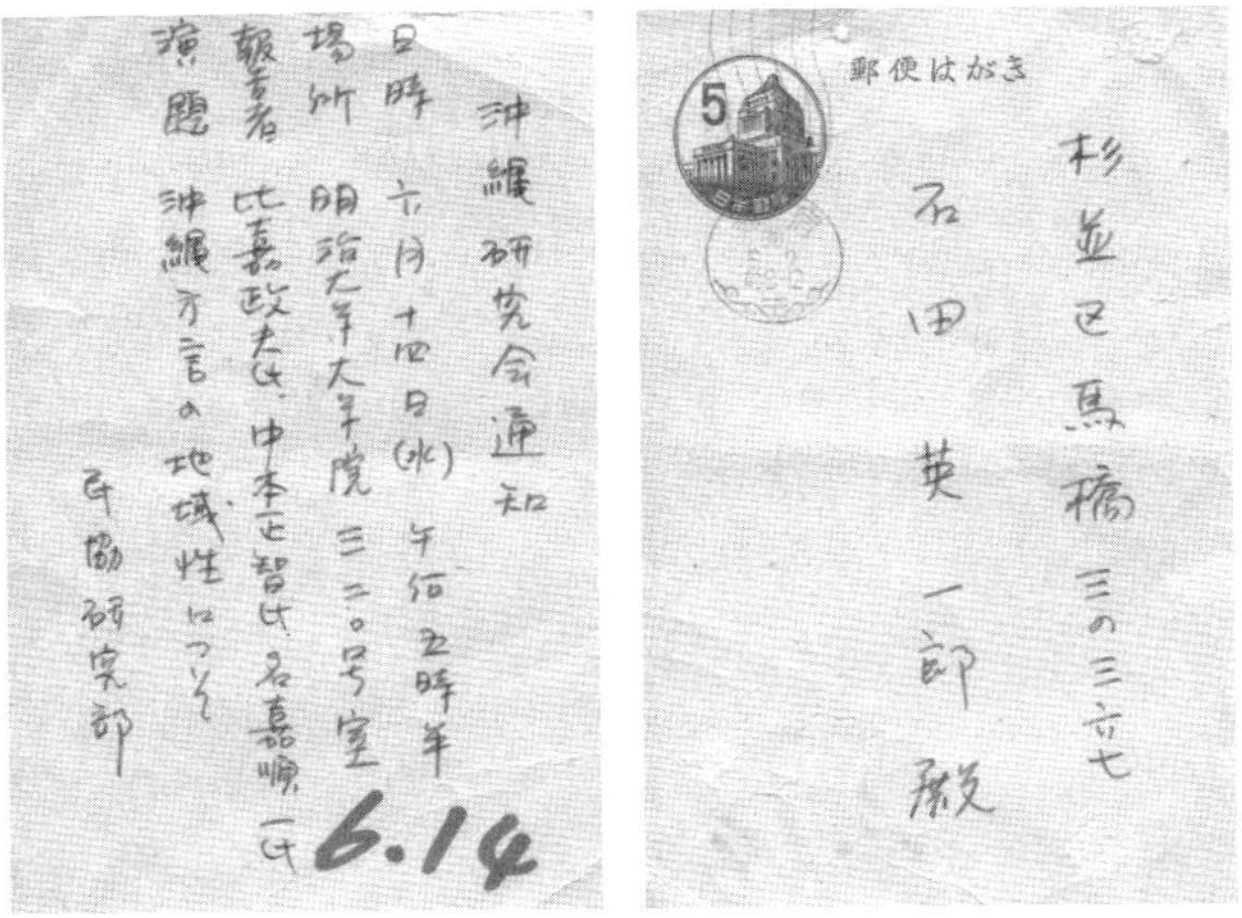

写真 12a　1961 年 6 月 14 日の沖縄研究会の案内はがき

写真 12b　東京でのおもろ研究会の仲間：右から中本正智、比嘉政夫、クライナー、名嘉順一、1961（昭和 36）年夏

また、都立大学の沖縄調査団に便乗させていただいて、1962（昭和37）年8月に国頭地方へも調査に行きましたし、住谷先生との共同研究で1963（昭和38）年夏には波照間島にも渡りました（1973〈昭和48〉年再調査を実施）。都立大学の沖縄調査に便乗した際、辺戸岬まで足を延ばしたら、焼畑研究のため初めて沖縄に調査へ来られていた佐々木高明先生と偶然にも出会い、それまであまり考えていなかった沖縄研究の新しい側面を知るようになりました。佐々木先生は生涯を通じて大変親しくしてくださり、貴重な教えをたくさんいただいた方です。

このような調子で留学中の二年半は大学に出ることはそれほど多くありませんでした（ただ、泉先生、大林先生のゼミ論文はきちんと提出しました――課されたテーマは、マルケサス諸島の拝所とカリフォルニア半島インディアンの若者組織について、でした。この点、先生方はとてもよく考えてテーマを出してくださったと思います）。調査で南島をずっと歩いておりましたので、途中、石田先生から電報で帰京を促されたりもしました。ですが、2〜3週間ほど東京へ帰り、またすぐに南島へ戻るというような生活を続けました。

南西諸島の神観念

この調査の中で、南島における重大な要素として私なりの「発見」が二つありました。一つは神観念についてです。新城島のアカマタ・クロマタや悪石島のボゼなど、立派なまれびと――折口先生の言われる来訪神――と指摘できる行事を見ることができました。ただ、奄美大島や加計呂麻島には、名越佐源太による『南島雑話』に報告されている怪物「ナマトンガナシ（奈麻戸奴加奈之）」のような仮面仮装の行事はなかったのですが、2月壬の日、神々を海の彼方（ネリヤカナヤ）からお迎えするウムケー祭りや4月にその神々を海の向こうへ送り帰すオホーリ祭りがあり、また、6月に稲作関係のアラホバナ祭りがありました。アラホバナ祭りの際に、ノロたちは琉球王朝から下賜されたミガキ扇を使っていました。このミガキ扇の表には中央にテダガナシ（太陽）、左右に鳳凰が描かれています。島の人たちの説明では、この二羽の鳥は鷲と鶴であるということでした。ミガキ扇を開いた時にノロが唱える祈りのことは稲穂のタハベと呼ばれ、その内容は「鳥が人間の世に稲の種をもたらした。この鳥が羽を開いた時に稲の種が大地に落ち、稲穂が初めて実った」というものです（写真13aおよびb）。そういう来訪神関係の概念に加計呂麻島のあちこちで出会うことができました。私はまさに興奮状態で、一日にいくつもの集落を行き来して、聞き取ったタハベを比べ、また確かめて、ということを繰り返しました。そんな状態の中で、オホーリ祭りが済んだあと、武名集落のノロの方に「神様をみな無事に送ることができて良かったですね」と声をかけて叱られました。「神様がみないなくなったらこの村はなくなってしまう。ずっと村に残る神様もいらっしゃるよ」と。その神は「シマ建て世建て始めの御大将」などさまざまな名前があるのですが、私はそこで初めて、来訪神だけではなく、村には「常在神」という概念があることに気がついたのです（写真14）。

写真13a　奄美・加計呂麻島実久のノロ、1962（昭和37）年4月

写真13b　ミガキ扇、1962（昭和37）年4月

そのことについて原田敏明先生が熊本で発行していた雑誌『社会と伝承』7巻1号（1963）に発表したところ、原田先生が主催していらっしゃった宮座研究会へお誘いをいただきました。原田先生の説は、日本の村にはさまざまな神社の神が祀られているけれども、それとは別に名前も姿もない、村にとってまさに唯一神のような神が常に村を守っていて、それが宮座組織で祀られているというものでした（写真15）。この信仰形態の中心は、日本文化の最も古い形がその時点において残っていた奈良、京都周辺を始めとする近畿地方や、近江、若狭にあるとのことで、次の調査地には若狭や三輪周辺を選び（1965〜1966年＝昭和40〜41年）、少しずつ南西諸島から離れてしまいましたが、この一連の研究成果を住谷一彦との共著『南西諸島の神観念』（1977）にまとめて出版しました。

このような研究経過からシャーマニズムについても考える必要が生じました。柳田先生が大正年代始めに雑誌『郷土研究』で発表しておられた巫女に関する一連の論文や中山太郎の『日本巫女史』（大岡山書店、1930）はあっ

写真14　集落の守り神シマゴスガナシの前で祈りを上げている武名のノロ、1962（昭和37）年5月

写真15　久高島調査をする原田敏明先生（右）、1978（昭和53）年

たのですが、私が日本へ来た頃にはまだシャーマニズム論というものは下火でした。それが１９７０年代になって増え始め、１９８０年代には爆発的なものとなり、バブルエコノミーの時期に頂点に達します（図４）。これはもちろん、日本の経済の成長に伴う日本人の自己認識に大きく影響されたものという側面もありますが、あるいはウィリアム・リブラ（William P. Lebra）の *Okinawan Religion*,1966（日本語訳『沖縄の宗教と社会構造』弘文堂、１９７４）やカーメン・ブラッカー（Carmen Blacker）の *The Catalpa Bow*,1975（日本語訳『あずさ弓：日本におけるシャーマン的行為』岩波書店、１９７９）に代表される海外研究者によるシャーマニズム研究が盛り上がった時期でもありました。日本では桜井徳太郎先生が『沖縄のシャーマニズム』（弘文堂、１９７３）を著しております。とにかく、私の学生時代の昭和30年代にはシャーマニズムはあまり話題には上っておりませんでした。ただ、南島では、ユタというシャーマンがよく知られています。私は迷信深く、何か言われたらずっと気になってしまう性分なので、ユタの元へ行く気にはなれなかったのですが、島尾先生にユタにみてもらうという経験は一度したほうがいいと言われて、ユタの元を訪れました。何を聞こうか迷いましたが、とにかく怖いので、今後の調査は鹿児島へ行ったほうがいいか、このまま南西諸島を南へ下るほうがいいかを尋ねました。すると線香を焚き太鼓を叩いてトランス状態となったユタが出した結論は「クライナーは運気が強いから、どこへ行っても神様がついているから大丈夫」というものでした。占い料は５００円。当時の私には高かったですが、良い結果だったのでとてもありがたく、心強く思ったことを覚えています。

2008年8月現在NACSIS検索による

	1950-1959	1960-1969	1970-1979	1980-1989	1990-1999	2000-2008
占い、占術	1	9	26	39	80	89
妖怪	8	11	35	65	148	203
風水	0	1	3	11	97	131
庚申信仰	4	3	5	11	9	3
シャーマニズム	1	1	28	30	57	30
オカルト	0	0	8	21	31	10
道教	9	13	21	33	97	52

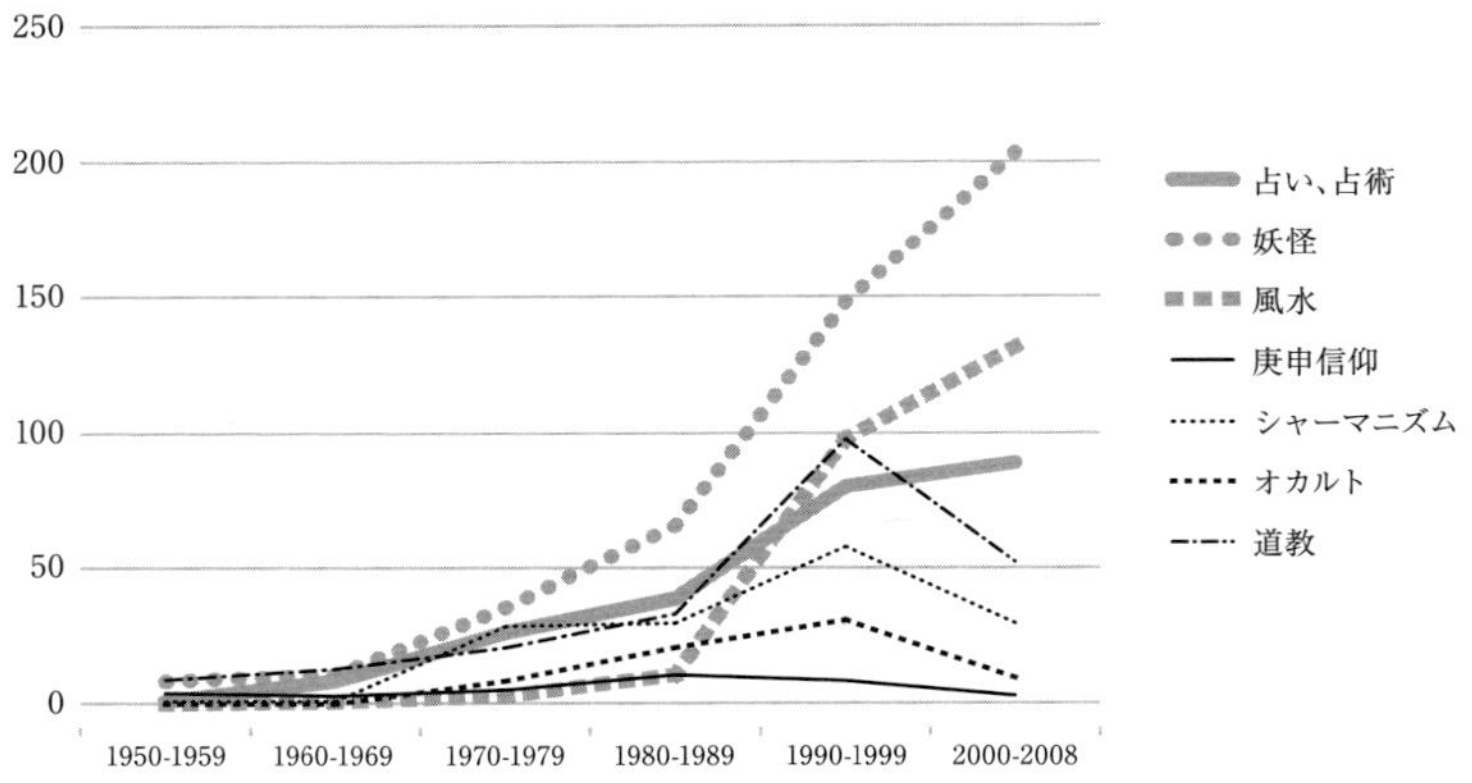

図４　日本における「占い」、「風水」、「庚申信仰」、「シャーマニズム」、「オカルト」、「道教」に関する単行本出版数

親族組織と村落社会

私が調査に行った時代は奄美の伝統的な村の社会がだんだんと崩れ始めた頃でした。若者は出稼ぎに大阪あるいは沖縄へ出てしまっており、それは若い女性も例外ではありませんでした。村に残っているのはお年寄りと子どもがほとんどでした。村はまだ生きてはいましたが、やはり中心となる中年の世代が抜けており、ノロの率いる神人の中にも、さまざまな問題が起きていました。このシンポジウムの午前中の発表でトートーメの話がありましたが、そういうところではユタのアドバイスが求められていました。

もう一つ、私が奄美で気がつき、考えたのは親族組織と村の社会構造のパラダイムの変化です。有賀喜左衛門や福武直などが、日本の基層的親族組織は単（父）系の本・分家体制のいわゆる同族結合であり、それは、古代から支配的で、東北地方においては近現代に本家・分家制度に見られる家（イエ）制度の形で強く残っている、ということを提言し、それは定説となっていました。これに対して岡先生、蒲生先生が伊豆半島伊浜調査で、家制度に拠らない、年齢階梯制の構造を見出しました。また、蒲生先生は九学会連合の第1次奄美共同調査で、父系、母系に拠らない bilateral 双系的親族組織ハロージを見出したことは強い印象を与えました。

「ハロージ体系の基本的性は…（中略）…単系出自ではなくて、…（中略）…多系出自である。…（中略）…世代の序列が明確であり、さらに同一世代の内部では年齢の序列が顕著である。本家・分家の系譜の本末関係による序列は…（中略）…格別の意味を持っていない。…（中略）…集団化は三世代結合を基調としている」

（蒲生正男「奄美　社会」『日本民俗学大系』第12巻19頁、1959）

「同族型村落でないことは明白…（中略）…ハロウジ親族体系の基本的構造は、個々の親族関係の連鎖にもとず《ママ》く三世代結合である」
（蒲生正男「喜界島城久・滝川部落―村落構造と親族組織」九学会連合編『奄美　自然と文化　論文編』日本学術振興会、302〜325頁、1959、引用は309、325頁）

つまり、日本基層文化の社会構造は一元的なものではなく多元的なものであります。これは社会人類学に重要なパラダイムの変化をもたらした説で、私と時を同じくして奄美で調査した村武先生や植松明石先生の研究にも大きな話題となりました。1962（昭和37）年秋に東京大学で開催された日本人類学会・日本民族学協会の第17回連合大会では、中根千枝先生が中心となって南西諸島研究を専門とする発表者が集められて、私もそこで初めて学会発表をし（写真16a）、またそれを原稿化して私の初めての研究論文「ノロ祭祀集団における神役の継承について‥奄美加計呂麻島の場合」として『民族学研究』27巻1号（1962）に掲載していただきました（写真16b）。この2回目の沖縄研究特集号の執筆メンバーのうち門中制度を取り上げたのは中根先生お一人だけで、それ以外の者はみな多少なりともハロージについて言及しておりました。

写真 16a　1962（昭和 37）年秋、東京大学で開催された連合大会のポスターと著者

写真 16b『民族学研究』27 巻 1 号（沖縄研究特集号）

沖縄研究の本質

ここで、一応の結論としてまとめますと、沖縄研究においてはその本質が問題となってくるということです。石田先生が第1回目の沖縄特集号である『民族学研究』15巻2号（１９５０）の巻頭で記されていることに次のようなものがあります。

「(両者［＝日琉］の）同祖同系を強調するの《ママ》あまり、沖縄人自身のエートノスの全体的把握や非日本的な要素の究明について、なお見落とされた点や誤った解釈が残されてはいないだろうか？」

（石田英一郎「沖縄研究の成果と課題―巻頭のことば―」『民族学研究』第15巻2号1頁、１９５０、括弧内は著者による加筆）

それよりも15年ほど前に、柳田先生はこう結論をつけました。すなわち、

「我の学問にとって、沖縄の発見といふことは画期的の大事件であつた。」

（柳田國男『郷土生活の研究法』刀工書院、１９３５、引用は『柳田國男全集』第８巻２５１頁、筑摩書房、１９９８）

岡先生も１９３３（昭和８）年に提出したヴィーン大学における博士論文において、

[...Besonders interessant ist, dass in diesem Lande [= Ryūkyū] der Aufbau der Kulturschichten geradezu als kleines Muster für die Kulturschichten des japanischen Altertums gelten kann… この国［＝琉球］における文化層の構造はまさに古日本の文化層の規範であることは非常に興味深い」（Oka Masao, ***Kulturschichten in Alt-Japan***, Wien 1933, II, p.611 ＝ Bonn 2012, I, p.481 クライナー和訳、角括弧内はクライナーによる補足）

と強調しておられ、6巻におよぶこの論文のうちの1巻は沖縄の宗教について割いています。また、１９３４（昭和９）年ロンドンで開催された第一回国際人類学・民族学会議で岡先生は日・琉の秘密結社の行事について報告されました。あるいはまた、九学会連合の沖縄調査の研究目的は「日本文化の基本的構造を解明するため」とし、「沖縄には日本の古い言語、民俗、生活様式などが今日なお保存されている…（中略）…」（鈴木尚「序文」、九学会連合『沖縄』１頁、１９７６）と述べています。こういった命題を簡略にまとめますと、沖縄研究・南西諸島研究は、日本研究において、日本とは何か、日本文化の本質とは何かを問う場合に用いられる認識段階の一つでしかないという側面があるということです。沖縄研究自らが沖縄の問題――沖縄とは何か、沖縄文化とは何か――に取りかからなくてはなりません。今後、沖縄研究の本質をそういう風に変えなければならないのではないでしょうか。

沖縄研究のヴィジュアル・ターン

最後に、南西諸島・沖縄研究がこれから力を入れるべきであると思われるもう一つの重要な研究課題に触れておきたいと思います。しかし、その前に、いわゆる地域（文化）研究の今までの学史・発展史、またその流れの中に起きた何度かのパラダイム変容について簡単にご説明しなければならないと思います。

私が強く受けている印象ですが、これらはおおむね三段階を経て発展してきたのではないかと考えております。（１）文献学的アプローチ、（２）社会科学的アプローチ、（３）そして20年ほど前に起きた、「モノを視野に入れる」Visual Turn ヴィジュアル・ターンです。

19世紀前半に、近代科学体系の一つとして、当時の最先端の学問であった Philologie ＝文献学が構築されました。ある民族文化のすべてはその文学に含む形でまとめられて存在しているため、その文学作品の注釈・解釈・翻訳のプロセスを通じてその文化の全体像を再構築して理解することができる、という考え方です。これはまずヨーロッパ古代ギリシャ・ローマ文化の研究分野において適用され、次に古代インド研究においても応用することができるなど、非常に優れた成果をあげました。日本研究の黎明期でもある19世紀半ば頃においても、やはり文献学的なアプローチが支配的でした。例えば１８４７年、ヴィーンにおいて初めて日本の文学作品――柳亭種彦の『浮世方六枚屏風』――をドイツ語に翻訳・出版したA・プフィッツマイヤー（August Pfizmaier）（１８０８～１８８７）はその代表的な例の一つといえます。オランダのライデン大学に世界で初めて設置された日本学科の主任教授に任命された大シーボルトの直弟子J・J・ホフマン（Johann Joseph Hoffmann）（１８０５～１８７８）も日本語学の先覚者ですし、パリではL・ド・ロニー（Léon de Rosny）（１８３７～１９１４）が活躍しました。また、日本には、イギリスの外交官E・サトー（Sir Ernest Satow）（１８４３～１９２９）をはじめとする、国学の伝統を受けついだ幾人もの優れた研究者がおりました。

しかし20世紀半ばになりますと、この文献学的アプローチが物足りなく感じられるようになり、その時代において、まさに生きている日本人の生活や考え方などを研究対象として、社会科学的な方法論を用いた実地調査が行われるようになりました。最初の例はおそらくJ・エンブリー（John Embree）（１９０８〜１９５０）による村落研究のモノグラフ、*Suye Mura: A Japanese Village*（1939、日本語訳『日本の村・須恵村』２００５）だと思いますが、もっとも影響力が大きかったのはR・ベネディクト（Ruth Benedict）（１８８７〜１９４８）の日本文化論『菊と刀』（日本語版１９４６年）であったといっても差し支えありません。それ以来、文献学的なアプローチを中心としていたJapanology、いわゆる「日本学」は時代遅れとみなされ、現代的、社会科学的なアプローチはJapanese Studies、すなわち「日本研究」であることが必須とされ、大学の日本学カリキュラムも変わらなければならなくなりました。

しかし、１９８０年代に入ると、そのアプローチも批判の対象になります。それまで主流であった二つの日本文化研究のアプローチはいずれも美術・工芸、更に幅広く捉えれば、民具・生活道具といったモノをまったく視野に入れていませんでした。例えば仏教学は、昔からお経の研究に重点を置き、仏教信者の檀家制度や組織なども調査対象としてきましたが、仏像・曼荼羅等の研究は美術史に任せて、法具等のモノについては全く無視してきました。それに対して、いわゆるビジュアル・ターンはモノ自体も重要な研究対象とするのです。そして、その三つのアプローチを合わせることで初めて、人の動き、考え、好みが浮かび上がり、一つの文化の総合的、立体的な形が理解可能となります。そのために、文学・文献学の資料と社会学的な研究は一応揃えております。しかし、それに対して博物館・美術館で保管されているモノのコレクションは整理・展示または部分的研究もされてはいるものの、その全体像は未だ把握されていないという状態です。ビジュアル・ターンを実現するための最初の一歩として必要なのは、まずモノのコレクションの悉皆調査を行うことです。

このような研究手法について、沖縄研究を振り返ってみますと、文献学的研究は沖縄学の父と呼ばれる伊波普猷、その系統を受け継いだ外間守善先生らによるおもろ研究、言語研究、古典文学の研究が挙げられます。社会科学的なアプローチは比較的早い段階から見られ、田代安定、笹森儀助の研究、そして柳田國男先生の名前が挙げられます。その他、都立大学の沖縄調査や九学会連合の二度の奄美、沖縄調査を挙げることができ、これらも非常に重要な成果を上げています。しかし、ヴィジュアル・ターンに関しての研究はまだまだ少ないと言えます。上江洲均先生、下野敏見先生や染織を専門とする祝嶺恭子先生の研究がありますが、重大な研究資料となる物質文化――もちろんここには美術工芸も含まれます――の分野には、まだ体系的な調査研究が実現しておりません。

ボン大学の日本学科は１９８０年に、その設立50周年記念として、中部ヨーロッパの古文書館、図書館、博物館・美術館の責任者を招き、日本関係資料の所在について意見交換をおこない、その成果を翌年 *Japan-Sammlungen in Museen Mitteleuropas*, Bonn1981［中部ヨーロッパの博物館・美術館における日本コレクション、独文および英文］として１９８１年に出版しましたが、予想をはるかに超える反響を呼びました。しかし、戦後の混乱、コレクションの未整理、人手不足、日本に関する知識不足などの理由で、コレクションの所在、数量、内容およびそれらの沿革と現状がほとんど不明であることが認識され、それらを網羅的に悉皆調査することは不可能に近いと判断されました――これはコンピューター技術の発達以前の話ですから当然です――。しかし、当時の西ドイツに保管されているものの一部でもよいから、試験的に調査しまとめてみようという機運が高まり、研究プロジェクトを立ち上げて、ドイツ学術振興会に応募することで参加者の意見が一致しました。テーマは「アイヌ文化」に決まり（それはヨーロッパ人が親近感を持っている興味深い民族文化ですから）、リードをとったボン大学では、「アイヌ文化」と並

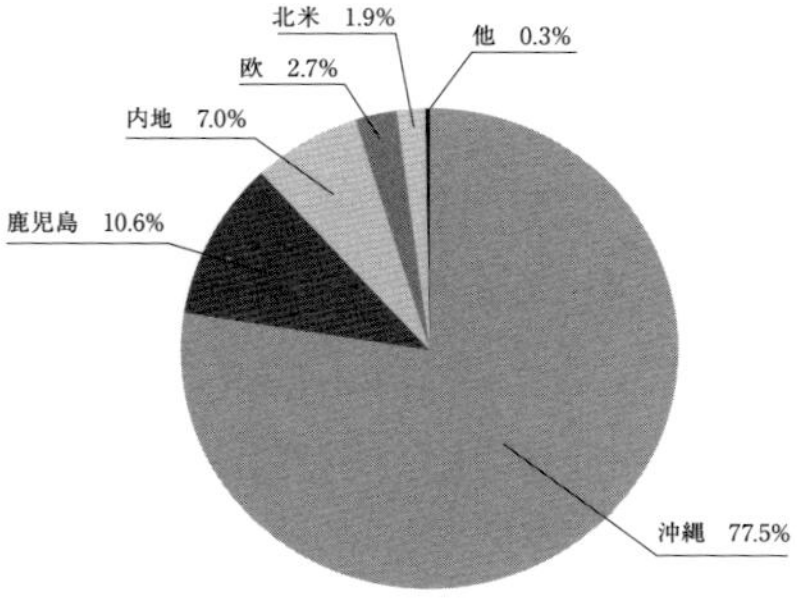

図５　琉球・沖縄関係コレクションの分布

行して、私が琉球・沖縄ないし南西諸島関係のコレクションも調査対象として取り上げることにしました。このプロジェクトは5年間に渡って続けられ、最終的にはドイツだけではなく、西ヨーロッパ、そしてロシアを除く東ヨーロッパも含んで、約６７７０点のアイヌ文化と約１５００点の琉球・沖縄文化のコレクション（目録上）を記録することに成功しました。沖縄関係コレクションに関する成果は *Sources of Ryūkyūan History and Culture in European Collections* として東京のドイツ―日本研究所から１９９６（平成８）年に出版されました。そのデータベースは現在、沖縄県の美ら島財団が保管しています。

なお、１９９６（平成８）年にとった統計では、全世界における琉球・沖縄関係コレクションの約75％は、沖縄県立博物館・美術館をはじめとする沖縄県内の博物館、美術館等に保管されており、奄美大島などの島嶼を含む鹿児島県に10％（鹿児島県歴史資料センター黎明館、奄美博物館、瀬戸内町立郷土館等）、また、国立歴史民俗博物館（千葉県）、国立民族学博物館（大阪府）あるいは天理参考館（奈良県）、日本民芸館（東京都）を含む内地に7％、そしてそれ以外は、ヨーロッパに2・7％、北米（アメリカ合衆国およびカナダ）に1・9％、ロシア、ブラジル、中国、韓国等のその他の地域に0・3％という分布状況になっています（図5）。この統計は、２００３（平成15）年から長期に渡って研究され、*Japanese Collections in European Museums*［ヨーロッパの博物館・美術館の日本コレクショ

分類	ヨーロッパ （ロシアを除く44ヶ所の博物館）	北米 （34ヶ所の博物館）
織物、染め物、衣類	468点（31.6%）	233点（22.4%）
民具、生活用品、道具	428点（28.9%）	207点（19.8%）
漆器	387点（26.1%）	178点（17.1%）
陶磁器	170点（11.5%）	284点（27.3%）
絵画	20点（1.3%）	125点（12.0%）
その他（楽器等）	10点（0.6%）	14点（1.3%）
計	1,483点 （目録上は1,512点）	1,041+α （ボストン美術館は無回答）

表1　ヨーロッパと北米に保管されている沖縄関係コレクションの内容比較

ン：英文、Bonn，2005-2016　全5巻〕としてまとめられたプロジェクト（トヨタ財団、法政大学国際日本学研究所、科学研究費助成によるもの）の成果を見ると、現在もそれほど大きく変わってはいないと言えます。

海外に分布するコレクションの内訳ですが、表1を見ますと、アメリカでは陶磁器、織物、民具が多いのに対して、ヨーロッパでは織物、民具、漆器が多く収集されています。ヨーロッパの民具コレクションは、わりあい体系的に集められており、C・アウエハント（Cornelius Ouwehand）の波照間島関係コレクション（オランダ・ライデン国立民族学博物館）、A・レックム（Arne Røkkum）の与那国島のコレクション（ノルウェー・オスロ大学付属民族学博物館）、また筆者クライナーが集めた波照間島、加計呂麻島、悪石島のコレクション（オーストリア・ヴィーン国立民族学博物館＝世界博物館）がここに含まれます。

ヨーロッパ20ヶ国中、44ヶ所ほどの博物館・美術館のこういったコレクションの分布を詳しく見ますと、ドイツ（529点＝34・9％）、オランダ（242点＝16％）、スイス（204点＝13・4％）、オーストリア（221点＝14・6％）、すなわち、中部ヨーロッパのドイツ語圏に8割近く所蔵されています。このようなコレクションを通じて、それぞれの国の琉球との歴史的交流あるいは琉球観を考えることは非常に興味深いのですが、ことはそれだけに留まらず、このコレクションの研究を通じて、沖縄の古い時代の技術、美的観念についてもより深く理解することが可能です。その例を少し挙げてみましょう。

例えばポルトガルのポルト市立博物館には、16世紀のインド・ムガル帝国の丸盾が保管されております。保存状態があまり良くなく、ＥＵ（ヨーロッパ連合）による支援プロジェクトとして修復が計画され、ドイツの若き漆専門家Ｕ・ケルバー（Ulrike Körber）が担当となって現在、作業に当たっています。この盾の表にはポルトガル貴族の紋章が漆で描かれているのですが、裏には東アジアによく見られる葡萄と栗鼠の文様があります。その下には和紙が貼ってあり、筆で書かれた漢字の一部が断片的に確認されています。これと全く同じ物がオックスフォードのアシュモレアン美術館とヴィーン美術史博物館の武具部でも確認できました。この盾の来歴について、現時点では、まず、ポルトガル人が16世紀に盾をインドから東アジア（琉球？）にもたらして漆の上塗りをしてもらい、本国に献上したのではないかと推測されているのですが、琉球塗に詳しい専門家の最終的な判断が待たれるところです。

オーストリアのチロルにはヨーロッパで最も古い朱塗花鳥箔絵のお椀が保管されています。これは、１５９６年に作成された、チロル領主ハプスブルグ家フェルディナント大公（Ferdinand II.）の遺品録に「赤い土でできた東インドの椀」として記載されています。東京国立博物館の元漆器部部長の荒川浩和先生と琉球漆器の専門家である前田考允先生は、このお椀を非常に早い時代の琉球漆器だと判断したのですが、最近、ヴィーンの博物館のカタログを見ましたら東南アジア製となっています。

同様に、九州国立博物館で2~3年程前に琉球漆器として購入された黒漆螺鈿四角盆があるのですが、いま目録を見ますと東南アジアのものとなっています。これと同種の四角盆４枚がポルトガル・リスボンの国立美術館にも保管されていますが、こちらについて荒川浩和先生はやはり琉球漆器と鑑定されております。漆器に関しては、このように由来のはっきりとわかっていない物がまだ他にもあります。

大シーボルト（Philipp Franz von Siebold）（１７８６〜１８６６）は文政年間に日本に滞在し、長崎の出島で元薩摩藩主・島津重豪からいくつかの琉球漆器を手に入れています（現在はミュンヘン国立民族学博物館＝五大陸博物館に保管）。黒漆雲龍模様螺鈿の丸盆——五爪の龍が描かれていますから、おそらく中国向けの献上品として作られたのでしょう——や朱漆牡丹沈金六角湯庫などです。

また、琉球処分の際、ベルリンの民族学博物館初代館長であったA・バスティアン（Adolf Bastian）（１８２６〜１９０５）は、琉球が日本に編入されれば急速に近代化されて文化変革が訪れ、伝統的な技法等は消えてしまう恐れがあると判断しました。そのため、とにかく早く琉球のモノを収集し、保管するべきだと考え、ベルリンのために日本の農商務省を通して１８８４（明治17）年琉球王国末期の品５００点余りを体系的に集めてもらいました。残念ながらそのうちの約半分は大戦末期、ソ連軍によって持ち去られてしまいましたが、残ったものを見ても非常に素晴らしいコレクションとなっています。祝嶺恭子先生による『ベルリン国立民族学博物館所蔵琉球・沖縄染織資料調査報告書』（沖縄美ら島財団、２０１３）はその中に含まれている織物の優れた研究であります。

そうした中、１９９０年代初め、海外の沖縄関係コレクションを調査したいという外間先生の強い要望を受けて、外間先生を団長として、祝嶺恭子先生、前田孝允先生、宮城篤正先生、そして私というメンバーで、２週間ほどかけて主だったヨーロッパの博物館・美術館を回って調査しました（写真17）。そして、１９９２（平成４）年には浦添市美術館で「世界に誇る・琉球王朝文化遺宝展」（同名の図録も発行）と題した１８０点に上る里帰り展示を開催しました。

結論を述べますと、私は今後の沖縄研究のために、博物館・美術館を含めた研究機関同士の連携を強めることが必須であると考えております。ヨーロッパでも長い間、博物館と大学は協力しないことが常態となっておりました。ですが、ようやく最近少しずつ関係が良くなってきておりまして、これは日本でも同様に進めていくべきではないかと感じています。大学、郷土博物館、県立博物館等による学際的な共同研究、また国際的レベルで協力関係を結んで研究を行い、沖縄のアイデンティティを確立することが必要です。こうしたことを、この島嶼文化研究所が担ってくだされば非常にありがたいと思います。

そして、さらなる研究の発展のために望まれることは沖縄国立博物館の設立です。大変喜ばしいことに国立アイヌ民族博物館の設置が決まりまして、２０２０年に開館予定なのですが、沖縄の方はまだなのです。そのための第一歩として、以下の3点が重要だと考えております。まずは、（1）東京国立博物館に琉球・沖縄美術工芸を常設展示するための常設展示場を設けることです。これは非常に重要で、現在、

写真 17　1990 年代初め、沖縄関係コレクションの海外調査団（オランダ・国立ライデン民族学博物館）
左から前田、祝嶺、宮城、外間、クライナー、ライデン民族学博物館・日本コレクション部長 Ken Vos、琉球放送ディレクター・玉城朋彦

トカラ列島を含む南西諸島とアイヌの展示は同じスペースでの展示となっていて、これにより結局、両者が日本にとっては単なる「周辺的」な意味しか持っていないという間違った印象を与えてしまっています。しかしアイヌも琉球文化もそれぞれの個性を持つ独自の文化形態ですから、少なくとも展示場を分ける必要があります。また、同じ意味では（2）九州国立博物館における沖縄関係の展示は、世界に誇る琉球・沖縄の王朝時代の美術工芸品に限らず、村の生活体系の紹介も強化することが必要だと思っております。そして、（3）日本国内外（沖縄及びいわゆる内地、欧米や北京等）で保管されている沖縄関係のコレクションを網羅的に整理・統合し、琉球・沖縄の特別展を企画・実現していくことが必要です。これにより、本当の意味でのヴィジュアル・ターン――つまり、沖縄の文化を美術工芸および民具によって日本だけではなく、世界にも紹介することができれば非常に素晴らしいのではないでしょうか。ドイツ連邦政府立美術展示館は5～6年ほど前、すでにこのような構想を抱いてその準備にかかろうとしたのですが、館長の急な転任により実現に至らなかったことがいまだに残念で仕方ありません。今後のこのような企画・展示に期待をかけながら、私の話を終わらせたいと思います。ご静聴いただき、まことにありがとうございました。

おわりに――若干の回顧とともに

高桑史子（首都大学東京名誉教授）

沖縄ブームが頻繁に訪れる。しかし、１９６０年代から70年代の沖縄ブームは観光や移住などに繋がる、癒される島のイメージにあこがれる明るい「沖縄ブーム」とは一線を画すものであった。沖縄戦の終焉とともに基地の島となった沖縄は、ベトナムへの米軍の出撃基地となり、ベトナム戦争終結後も状況は変わらない。「琉球処分」から太平洋戦争、さらに現在にまで続く沖縄が置かれた状況への憤りが沖縄を知りたいという欲求を刺激し、そのことが沖縄ブームをつくる要因となった。それは沖縄の現状把握にとどまらず、沖縄の歴史や文化にまでおよぶ知的関心に拡大した。沖縄史の再考、ルポやエッセー、文学などで沖縄のかかえる問題を伝えようとする試みとともに、ヤマト世やアメリカ世以前の沖縄の姿、沖縄独自の文化を探求する本質主義的色合いをもつ動きも活発になった。沖縄への共感あるいは状況への憤りによる沖縄ブームである。

しかし、このような動きとは別に、戦前から続く知識の水脈のような沖縄研究がある。この流れはブームに流されることなく、民族学や歴史学さらに言語学など多くの学問領域を取り込み、大戦による中断があったものの、ゆっくりと熟成され、現在に至っている。それが沖縄学である。クライナー・ヨーゼフ氏の本日の講演からこの沖縄学の流れを改めて学ぶことができる。氏は『海南小記』出版に至る柳田國男が佐多岬に立った１９２０年12月31日をご自身の研究の出発点とする。ヨーロッパはヴィーンの地で育まれたこの学問の詳細について、その約40年後（１９６３年）に同じ場所に立った氏が当時の学会の自由闊達な雰囲気とともに述べておられる。柳田のその後の著作

『海上の道』（1961年）にも触発された1960年代の奄美沖縄研究が、その後も一貫して研究者を魅了する神観念、世界観、シャマニズム、親族組織や村落組織などの現在にまで継承される研究テーマを不動のものにした。

沖縄研究の特徴として特筆すべきは、渡邊欣雄氏が本日の講演でもふれているが、「沖縄という場所」で「沖縄に住んでいる人」を対象とするのが「沖縄」研究だとはいえないということである。当初から連綿と海上の道に連なる沖縄を対象とする研究は畢竟、アジアや海域世界に目を向け、結果的に世界各地に「沖縄」を見いだすことになる。ウチナーンチュ自身も海上の道だけでなく、大海を越えて世界各地に広がっているからだ。渡邊氏が指摘するように、沖縄文化は対ヤマト文化に対して単一で独自性を持っているとされる一方で、その内容は歴史上多元的に出自の異なる諸文化により形成されてきたのであり、この状態を氏は「仮構としての沖縄文化」とする。沖縄研究者が沖縄以外の場所で研究をする所以がここにある。

もう一度1960年代から70年代の沖縄ブームのはなしに戻ろう。以下では、沖縄奄美や南西諸島を対象とする研究を沖縄研究と呼ぶ。人文社会系学問を学ぶ者の多くが沖縄へ向かったのは、先ほど述べた沖縄への突き動かされるような衝動と、海外調査が容易ではなかった時代であったことも一因である。さらに当時は人類学における親族研究と宗教人類学に関心が向けられ、沖縄が研究のための格好のフィールドを提供していたことも沖縄研究を活性化させていたともいえよう。沖縄体験を契機に人類学に関心をもつに至った者も多かった。結果的に出自論の検討や相続継承に関する理論の応用など、親族研究に関して理論が深まり、宗教人類学分野でもシャマニズムや祖先崇拝、世界観などに関しても多くの成果が世に出た。人文社会系の調査研究が実施され、戦前からさまざまな場所で発表された論考も含めた叢書や論文集さらに単行本が数多く出版され、また復刻もされた。雑誌でも沖縄特集が組まれた。沖縄県内でも充実した内容の民俗誌、市町村誌（史）さらに字誌（史）にまで至る出版物が相次いだ。理論構築のための沖縄研究は百花繚乱の様相を呈していたともいえよう。

しかし、この隆盛を極めた沖縄研究は、１９９０年代以降新たにわき起こった「沖縄ブーム」――沖縄サミットや沖縄を舞台とするテレビドラマ、俗に言う沖縄本などに啓発された魅惑の島をめざす沖縄フリークや沖縄病の出現――の影に隠れてしまう。明るく華やかな「沖縄ブーム」到来とともに沖縄研究は往年の輝きを失ったかのように見えたが、それは、研究者にとっては海底火山のように地下でエネルギーをためる時代でもあった。

沖縄研究が全盛期の輝きを失ったかのような印象を与えた要因は、日本各地で進行し始めた過疎化である。クライナー・ヨーゼフ氏が奄美調査を開始した時にすでに、人口減少により伝統的なシマの崩壊が始まっていたが、日本全体を覆う構造的変化に沖縄社会も巻き込まれ、シマの伝統行事の担い手不足や、研究者を魅了したテーマである神役の継承が困難になりつつある状況で新たなテーマ設定に苦慮するに至ったからである。農業や漁業が低迷し、シマの存立と係わる御嶽祭祀も衰退する中で、過疎高齢化に向かう沖縄とどのように向き合うかという解決困難な課題が表出されたのである。それだけではない。人類学における出自理論による親族研究の行き詰まりも影響を与えた。人口減少による村落組織の解体、位牌や門中・イエ継承さらに神役継承の不確定性に直面していた同時期に親族研究が行き詰まりを呈していたのである。加えて、この頃から海外調査が容易になった。海外調査の可能性が広がるとともに、人類学のフィールドが一気に増大した。沖縄は人類学の人気あるフィールドの地位を外国に譲ることになる。あるいは東アジアを対象とする比較研究の枠に沖縄を位置づけることで沖縄独自の研究が方向性を失っていったとも言える。このことは本日の報告で吉田佳世氏が１９９０年代に人類学による沖縄研究が減少したことを指摘し、また越智郁乃氏もこの時代を「失われた世代」と表現している。まとめると、人口減少によるシマの自律性の崩壊、親族研究の後退、新たな海外調査の可能性の三つの要素が人類学における沖縄研究者を減少させたのである。

しかし、この時代は沖縄にこだわり続ける沖縄研究者が着実に研究を継続している少数精鋭の時代でもあった。そして、沖縄では、外部からのまなざしによって創られていった沖縄ではなく、多様な沖縄文化が内部から発信されている。県内では市町村誌（史）から字誌（史）に至るまで、また八重山では公民館を主体に移民や移住の歴史も絶えることなく刊行され、自分史出版も含め、出版活動も続いていた。この時代に、地道な研究が行われていた結果、成熟した研究が再生していったのである。今や地球上のどこでもフィールド選定が可能となり、その結果、フィールドまでの距離は重要なことではなくなり、自らの関心や問題意識に即したフィールド選定を行う若手が沖縄を研究対象に選ぶようになった。復帰運動の中で青春をおくり、パスポートをとって渡航した先人の経験譚を聞きながら、沖縄研究へと旅立つ若手研究者たちは過去の研究蓄積のレビューを行いながら、しかし、既成の理論やテーマにとらわれることなく、新たな人類学の理論で武装しながら独自の視点で研究を深めている。

本日のシンポジウム「国際社会の中の沖縄・奄美」の前半は、現在進行形で沖縄研究を行っている若手研究者のパネルディスカッションである。後半の講師である二人の巨匠は、一貫して沖縄研究を続け、深化発展させ、若手が新生沖縄研究を開花させるための舞台を提供した。

午前のパネルディスカッションをふりかえってみよう。「沖縄・奄美における研究動向」というタイトルで、沖縄・奄美をフィールドにする7名が1人20分という限られた時間内で体験に基づく報告と問題提起を行った。なお、越智郁乃氏と加賀谷真梨氏の報告については、序で触れたように諸般の事情により掲載ができなかったため、末尾に簡単に報告内容を紹介する。

山内健治氏の「基地と聖地」の課題は基地問題を社会人類学で扱うためのテーマの設定である。氏は基地の島となった沖縄において、基地を取り巻く諸問題にこだわった研究を続けている。沖縄研究の主テーマであった土地、屋敷、墓、御嶽、聖地などの管理と相続継承という文化の根幹を形成する重要な事柄が基地によって歪められている現実、また集落の強制移転によるシマ共同体の喪失など、基地と沖縄という、沖縄問題の最前線を社会人類学的方法で考察しようしている。

泉水英計氏の「50年代沖縄のヒストリオグラフィー」は、ジョージ・カーの琉球史のオリジナル版が書かれた経緯という、まさに琉球（沖縄）史の歴史（歴史の歴史）をさぐろうとするものである。米軍支配下の沖縄ナショナリズムが意識され、その中で注目されたのが蔡温であったという。薩摩支配下で琉球人に指針を与えた蔡温をモデルとしてとらえ琉球史を再考しようとする動きがあったとする。逆境の中で苦闘する1950年代の「日本人のいない沖縄」で琉球史の何がどのように教えられたのか、という問題提起を行っている。

村松彰子氏の「沖縄の信仰と〈つながり〉のありよう」は、沖縄でフィールドワークを行った誰もが感じる、「すぐに誰かとつながる」経験をコモン（＝共、単独性同士の関係による仲間のつながり）で説明を試みている。日常生活の中でも、またユタに託宣をあおぐような民俗宗教の場面でも、そこに集まり来る人びとがコモンという関係性が認識できる広さの中で自分や自分の位置づけを見出し、システム（「非真正な社会」）の中に組み込まれない、「真正な社会」を生きていることで沖縄社会を再考しようという試みである。

吉田佳世氏の「相反するまなざし――沖縄の女性と祭祀」は女性をテーマとした沖縄研究について、つまり沖縄の女性の相反する描かれ方について論じている。オナリ神信仰や女性司祭者など祭祀領域における聖なる存在としての女性に対し、イエの継承における女性軽視がありながらまた嫁としての周囲の期待に応えるべき存在とされる、抑圧された女性について、先行研究の整理と問題点の指摘を行った。沖縄の女性という一般化ができぬことは当然で、女性にかかわるステレオタイプ化された視点を研究者がどう乗り越えるべきかという問題提起を行った。

福岡直子氏の「奄美の『民俗誌』の現在」は最初にフィールドワークを実施した1977年の奄美の調査から、多くの奄美・沖縄研究者が体験したと同様の体験が語られる。偶然滞在することになったシマでの人びととのふれあいがその後の研究の原動力となっていることはおそらく人類学、民俗学に限らずすべての研究者が共有するものである。氏は、奄美が置かれている現実を直視し、自然、とりわけ多様な生物種、固有種の存在と絶滅危惧種の保護という大きな課題に取り組むべきことと、文化の理解のための継続調査の必要性を説いている。

7名の講演は沖縄研究の流れをふまえつつ、新たな方向性を示したものといえよう。

沖縄研究あるいは沖縄学は沖縄という場所を越えた研究でありつつ、沖縄の置かれた位置を考えること、それに沖縄的な知を抽出しようとする研究であり、加えて渡邊氏の指摘にあるように沖縄的なものあるいは沖縄らしさがどのように仮構されているかを考えるものである。地域研究に終始するのではなく、沖縄を研究することでより普遍的な理論を導き出すための研究である。二人の巨匠も沖縄とは何かという問いかけを行っている。沖縄研究は日本の中の一つの県あるいは地域で起こっている現象を分析することも重要であるが、同時に沖縄とは何か、沖縄文化とは何かという問いかけ、さらに沖縄が何によって表象されているのかを考えなければならない。また、クライナー・ヨーゼフ氏は、沖縄アイデンティティ確立に向けた博物館・美術館も含めた学際的な協力関係の必要性を提案する。これらの提案実現に向けて明治大学島嶼文化研究所が一助となることが望まれる。

越智郁乃氏報告

「沖縄の墓――〝継承〟という名の〝創造〟」

越智郁乃氏の報告は、沖縄における戦後の葬墓制研究の変遷を網羅的にまとめ、八重山・沖縄本島での墓の調査からその現代生活における意義を提案したものである。氏は沖縄の祖国復帰以降のモノとしての墓、モノと人びとの祖先祭祀・継承の変化に注目してきた。以下が氏の発表内容である。

発表は、まず、観光から見た墓のイメージ（沖縄側と文化的来訪者の相互）の交差をエピソード的に触れ、伝統的な祖先祭祀研究としての墓研究、本日の講演者の一人である渡邊欣雄氏の風水思想から見た東アジアの中の沖縄の墓制研究を紹介した。

戦後沖縄の葬墓制の変化の重要なファクターは、火葬が導入されたことにより、結果、沖縄の葬墓制の特徴であった洗骨を必要としなくなったことにある。加えて戦後の基地建設によって余儀なくされた墓の撤去・移設、都市政策による墓の撤去・移動他、生活の変化や、その背景にある経済的諸条件や墓参りの実践に変化をもたらしたモータリゼーションの関与などにより、研究の視点は祖国復帰以降の現実的な「生活の変化」と葬墓制の変化を再考する研究へとシフトしてきた。確かに、納骨堂の利用、霊園型墓地の葬送制等については民俗学・人類学でも十分には捉えきれてこなかった新たな沖縄研究の視点である。氏は、とりわけ、都市移住者の人生史と墓の引っ越し（新設・改葬）の持つ意味と墓の形と素材に注目し、コンクリート素材から良質な石材とされる花崗岩の利用への変化を調査により紹介した。また、石垣島から本島への家族の移転に伴い、後から引っ越される墓の事例等の分析を行った。移住者にとって、墓は故郷につながるものであり、お墓の引っ越しとは単なる墓のみの移動ではなく、すべてのものが新しくなってしまう故の葛藤であり、結果的に、引っ越しが何十年後も経て行われることになり、家族・親族の持つ生活史の中での墓の移動の意味を考察する必要がある。「慰霊のやり方を知っている自己の母が健康なうちに」等の言説に注目し、家族内の内面的な事情にも向けられた視点は、これまでの研究では注目されてこなかった。新しい墓は故郷、家族の記憶を含む記憶媒体化であると結論し、現代の沖縄の墓は、祖先祭祀の枠組みでの分析を超えて、墓を使い続けるために墓は創造されていく、さらに言えば、沖縄文化を超えて創造され続けていくという、新たな墓制研究の一視点が提示された。

加賀谷真梨氏報告

「老いに向き合う人々——高齢者ケアにみる沖縄社会」

加賀谷真梨氏は、人類学が沖縄高齢者をどのように研究してきたを明らかにした上で、竹富町での調査成果をもとに、高齢者やそれを取り巻く人々の生活に生じている変化について報告した。以下が氏の発表概要である。

介護保険法が施行された2000年以降、加賀谷をはじめ、若手人類学者が高齢者や老いをテーマにするようになった。それまでの看護学や福祉学の視点は、高齢者にかかわる法制度や社会体制上の「問題」を発見し、よりよい「福祉」を求めるための方策を探るものであった。しかし、加賀谷氏の問題意識は、たとえば、介護保険法施行後に地域の高齢者がデイサービスに行って不在になるといったように、高齢者の生活空間が再編された現実に突き動かされた結果生じたものであった。さらにいえば、豊富な知識を有する古老のみが話者として重視され、記憶がゆらいだり、身体が思うように動かせない人、またそうした人々をケアする人々を等閑視してきた既存の沖縄研究への違和感も動機となっていた。つまり、介護やケアにおける様々な関係性に着目することで現在の沖縄の実像を描こうという新たな視点が示されている。

2000年代以降の新しいシステム導入後、地域内に介護施設が建設され、以前は裏座で寝かされたり、島内では治療やケアが困難なために島外に移されていた高齢者、あるいは認知症の高齢者なども来所するようになり、施設に定期的に行くことが高齢者の新たなライフスタイルとなり、ケアの場で多様な「老い」「老い方」が表面化・顕在化するに至った。また、施設でのサービスの提供者が雇用された島民であり、また介護される側も島民であるという、島民のための島民による介護、つまり住民主体の高齢者ケアが開始された。また、実際にケアの担い手の多くは移住者や結婚を契機に居住を開始した島外出身者である。このような新たな高齢者ケアを可能にしているのが、沖縄的な言説を媒介に創出されている、「沖縄」を表象する新たな認識である。もともと高齢者に対しては家庭内で個別に対応しており、そこでは共同や相互扶助という理念は必ずしも存在しなかったにもかかわらず、「沖縄は相互扶助の精神をもつ社会である」といった共同や相互扶助という新たな理念が受容され、この理念が地域介護という相互扶助の実践を成立させている。まさに、互助社会という創出された沖縄の表象が、多様な人材を呼び寄せ、地域介護という新たな制度のもとで、沖縄的なケアとして実践の場で共有されており、また島の家族と地域社会の間にあった境界を揺るがしてもいる。

新たに開始されたシステムである介護やケアという場で沖縄的な言説が強調され、表象されているという氏の指摘は、沖縄を舞台とする高齢者研究に新たな問題提起を投げかけている。

謝辞

山内健治

基調報告・講演をお願いした諸先生には、依頼してから短期間のうちに当日の貴重な発表資料をまとめてくださいましたこと、またご多忙の中、遠方より駆けつけていただきましたこと感謝申し上げます。

また、当日は、神奈川大学常民文化研究所・小熊誠氏（神奈川大学教授）、元法政大学沖縄文化研究所所長・屋嘉宗彦氏（法政大学名誉教授）、明治大学日本古代学研究所代表・石川日出志氏（明治大学教授）他、関係各機関の諸先生方も参加してくださり、有意義なコメントをいただきましたこと感謝申し上げます。

また、このシンポジウムにあたり、伊波洋一氏（参議院議員）からは、同研究所設立を記念して沖縄・奄美の豊かな文化を記録することの意義や期待を込められたメッセージを頂きました。この場を借りて御礼申し上げます。

最後に、本書の作成にあたりデータの整理等ご尽力くださった田中美幸さん（明治大学大学院文学研究科博士後期課程）、出版を快諾くださった㈱風土社・㈱ピークスの編集部の皆さまに御礼申し上げます。

なお、このシンポジウムは、２０１７年度科学研究費助成事業の一部により実施されました。

2017 年 4 月 29 日（土）明治大学リバティーホールで開催された、明治大学島嶼文化研究所設立記念フォーラム「国際社会の中の沖縄奄美」の会場にて。
写真左から（敬称略）、泉水英計、村松彰子、越智郁乃、山内健治、渡邊欣雄、クライナー・ヨーゼフ、加賀谷真梨、福岡直子、吉田佳世、碇陽子（司会）

国際社会の中の沖縄・奄美

明治大学島嶼文化研究所設立記念シンポジウム
特別記念講演・基調報告論集

2018年9月13日発行

編　者｜明治大学島嶼文化研究所
発行者｜山下武秀
発行所｜株式会社風土社
〒101-0065
東京都千代田区西神田1-3-6 ウエタケビル3F
電話 03-5281-9537
FAX 03-5281-9539
http://www.fudosha.com

編　集｜田村恵子・上野裕子・林菜穂子（PEAKS）
装　丁｜クリスト
印刷所｜株式会社東京印書館

ISBN978-4-86390-049-3
Printed in Japan